いつも使わないけど、これが「教養」！

ここ一番の国語辞典

青春出版社

はじめに　〝大人の教養〟は、このポイントで試される！

最初に、言葉の〝常識力〟を試す問題から。

・「通人」、「士人」、「咎人」「海人」「雲上人」「器量人」ってどんな人？

・「地球の肺」、「アフリカの角」、「天下の台所」、「凍れる音楽」ってどこのこと？

・「斯界」、「苦界」、「法曹界」、「政界」、「四界」、「天上界」ってどんな〝世界〟？

どうでしたか？　すぐに答えることができましたか？

日本語には、身近な言葉のなかにも、あまり知られていない〝初耳情報〟が無数にひそんでいます。本書には、そうした知って面白い、気づけば教養になる情報を満載しました。

長い人生のなか、知っておけばかならず役に立つ機会がやってくるはずです。

もちろん、言いたいことをきちんと表現できるようになれば、確実に人生が変わります。

ぜひ、言葉の楽しさを味わいながら、〝ここ一番〟で役に立つ教養を身につけてください。

本書が、言葉を武器にして一流の社会人になるファースト・ステップとなることを願っています。

二〇二一年一月

話題の達人倶楽部

いつも使わないけど、これが「教養」！　ここ一番の国語辞典■目次

カバーイラスト■Adobe Stock
DTP■フジマックオフィス

1

ここ一番で差がつく「漢字」の読み方・使い方〈基本編〉

あの漢字に、そんな「共通点」があったのか

▼「濁音」で読むと間違いになることが多い言葉です。「清音」で読んでください。

□**折柄**

□**河川敷**

□**合戦**

□**間髪を容《い》れず**

〔おりから〕　ちょうどそのとき。「折からの雨」や「寒さの折柄」などと使う。「おりがら」と濁って読むのは間違い。

〔かせんしき〕　河川の敷地。広辞苑などの辞書は「かせんしき」を見出し語にしている。△かせんじき。

〔かっせん〕　戦い。「関ケ原の合戦」など。

〔かんはつ〕　少しの時間をおかないさま。「間髪を容れず反論する」など。

□共存

〔**きょうそん**〕　共に生存、存在すること。「依存」も「いそん」と読むのが正しい。

□存置

〔**そんち**〕　そのまま残しておくこと。なお、「存知」は「ぞんち」と読む。

□身上をつぶす

〔**しんしょう**〕　財産を失う。「三道楽で身上をつぶす」など。ただ、「真面目さが彼の身上」など、身上を「その人のとりえ、値打ち」という意味で使うときは、「しんじょう」と濁音で読む。

□前栽

〔**せんざい**〕　庭に植えた草木。あるいは、草木を植えた庭。×ぜんさい。

□分銅

〔**ふんどう**〕　重さの標準とするおもり。

□默示録

〔**もくしろく**〕　『新約聖書』の最後の一節。『地獄の默示録』など。

□永代

〔**えいたい**〕　永世。長い年月。「永代供養」など。

□茨城

〔**いばらき**〕　大阪府の「茨木市」も「いばらき」と読む。×いばらぎ。

▼近年、見かけるようになった新顔の「重箱読み」と「湯桶読み」です。普通の熟語のように「音読み」に頼って読むと、〝教養〟を疑われることになりますゾ。

□駅近
〔えきちか〕　駅に近いこと。なお、「駅ナカ」は、今のところ「駅中」とは書かないよう。

□変顔
〔へんがお〕　変な顔をすること。テレビのバラエティ番組などで、ふつうに使われている。

□毒親
〔どくおや〕　暴力や暴言、干渉のしすぎなど、子どものためにならないことをする親。子どもに深刻な影響をおよぼすこともある。

□貯玉
〔ちょだま〕　パチンコの玉を景品に交換しないで、店に預けておくこと。

□肉厚
〔にくあつ〕　肉に厚みがあること。「肉厚のステーキ」、「肉厚の手」のように使う。

□**中食**

〔**なかしょく**〕　料理を外で買ってきて、家の中で食べること。なお、飲食店で食べるのが「外食《がいしょく》」。料理を自分でつくって食べるのが「内食」。これは「うちしょく」とも「ないしょく」とも読み、まだ読み方が安定していない。

□**出禁**

〔**できん**〕　出入り禁止の略。「騒ぎすぎて出禁になった」、「放送局を出禁になる」など。

□**前説**

〔**まえせつ**〕　「前説明」の略。番組収録の前に、ちょっとした話をしながら会場の雰囲気を温める役割。なお、まれに「ぜんせつ」と読むこともあり、その場合は「前に述べた説」という意味で使われている。

※なお、「湯桶読み」の「湯桶」は、そば湯を入れるような小さな容器のこと。この使用頻度の低い言葉が、漢字の読み方の名に採用されたのは、昔の人が「重箱」にそろえて〝食器〟関係の言葉を使ったためとみられる。

▼日本語なのに「漢文」のように読む言葉です。「返り点」をイメージして、読んでください。

□**不忍池**
東京・上野の池。その名は、かつて上野の山を「忍《しのぶ》ケ《が》岡《おか》」と呼んだことに由来するといわれるが、異説もある。
〔**しのばずのいけ**〕

□**不開の間**
扉や襖《ふすま》を開けることのない部屋。また、「不開の門」は「あかずのもん」と読む。
〔**あかずのま**〕

□**不寝の番**
一晩中、眠らずに番をすること。「寝ずの番」とも書く。助詞を省いた「不寝番」は「ふしんばん」と読む。
〔**ねずのばん**〕

□**不言島**
福岡県の沖ノ島のこと。島全体が御神体であり、島の名を呼ぶことさえ、忌んだことから。
〔**いわずのしま**〕

□**不言鳥**
雉《きじ》のこと。かつて雉は霊鳥とされ、その名をみだりに呼ぶことを忌んだことから。
〔**いわずのとり**〕

□**不入山**
入ることを忌む山。あるいは、一度入ると、出られなくなる山。〔**いらずやま**〕

▼「日本」は、ニホンともニッポンとも読む国名。次の「日本」はどちらが正解でしょう？

□日本料理〔ニホンりょうり〕
□日本酒〔ニホンしゅ〕
□日本画〔ニホンが〕
□日本刀〔ニホンとう〕
□日本海〔ニホンかい〕
□日本髪〔ニホンがみ〕
□日本書紀〔ニホンしょき〕
□日本大学〔ニホンだいがく〕
□日本海海戦〔ニホンかいかいせん〕
□日本橋（東京）〔ニホンばし〕
□日本橋（大阪）〔ニッポンばし〕
□日本放送協会〔ニッポンほうそうきょうかい〕
□日本銀行〔ニッポンぎんこう〕

漢字は、「共通点」から考えると、一瞬で記憶できる

▼日本語には、同じ漢字を重ねる言葉が多数あって、そのなかには、特殊な読み方をする言葉が数多く含まれています。まずは、同じ漢字を反復する「○々しい」型の形容詞から。正しく読めますか？

□神々しい

□清々しい

□忌々しい

〔こうごうしい〕 尊く、気高く、厳《おごそ》かであるさま。「神々しいまでの姿」など。「かみがみしい」が変化した語だが、今、そう読むと誤読になる。

〔すがすがしい〕 心地よくさわやかなさま。「清々しい朝の空気」など。なお、動詞の「清々する」は「せいせいする」と読むので注意。

〔いまいましい〕 腹立たしい。癪《しゃく》にさわる。「忌々しいやり口」など。

□**初々しい**
□**雄々しい**
□**捗々しい**
□**太々しい**
□**瑞々しい**
□**仰々しい**
□**事々しい**

〔**ういういしい**〕　新鮮なさま。「初々しい花嫁」など。
〔**おおしい**〕　力強く、男らしい様子。勇ましいさま。「困難に、雄々しく立ち向かう」など。
〔**はかばかしい**〕　効果が上がるさまを表す形容詞。「はか」は作業量のこと。もっぱら否定文で使い、「捗々しくは進んでいない」、「捗々しい返事がない」などと用いる。
〔**ふてぶてしい**〕　憎らしいほど、ずぶといさま。「太々しい態度」など。
〔**みずみずしい**〕　新鮮で、いきいきしているさま。「瑞々しい肌」、「瑞々しい果物」など。
〔**ぎょうぎょうしい**〕　おおげさなさま。「言うことがいちいち仰々しい」、「仰々しく出迎える」など。
〔**ことごとしい**〕　おおげさなさま。「言うことが毎度事々しい」など。

□図々しい
□猛々しい
□刺々しい
□馴々しい
□賑々しい
□由々しい

〔ずうずうしい〕 厚かましいさま。「人の家に図々しく上がり込む」など。

〔たけだけしい〕 もとは文字通り、勇猛であるという意味だったが、今は、図々しい、ずぶといという意にも使い、「盗人猛々しい」など。

〔とげとげしい〕 言葉づかいや態度が敵対的で、きついさま。「刺々しい口調」、「刺々しい視線」など。

〔なれなれしい〕 無遠慮なさま。ぶしつけなさま。「馴々しい態度」、「馴々しい口をきく」など。

〔にぎにぎしい〕 たいへんにぎやかなさま。「かくも賑々しいお出迎えを賜り」が、大人語での定番の使い方。

〔ゆゆしい〕 疎《うと》ましい。気がかりであるさま。「由々しい事態」など。もとは、神聖であるという意味で、そこから、はばかられるという意味が生じた。

□禍々しい

〔まがまがしい〕　悪いことが起きそうな様子。不吉な感じがするさま。「禍々しい空模様」など。「凶々しい」とも書く。

□凜々しい

〔りりしい〕　姿や態度が勇ましく、きりっとしているさま。「凜々しい若武者」が定番の使い方。

▼続いて、同じ漢字を反復する「○々する」型の動詞です。読めますか？

□苛々する

〔いらいら〕　思い通りにならず、気があせるさま。「進行の遅さに苛々する」など。

□嫌々する

〔いやいや〕　嫌だと思いながらも、するさま。「嫌々従う」、「嫌々引き受ける」など。

□云々する

〔うんぬん〕　後を省略するときに使う動詞。「云」の音読みは「うん」で、「うんうん」が変化した言葉。

□陰々とする

〔いんいん〕　陰気なさま。「陰々とした日々を送る」など。「陰々

□鬱々とする

□汲々とする

□仄々する

□悶々とする

□恋々とする

滅々」（陰気で滅入るさま）という四字熟語もある。

〔うつうつ〕　心がふさいでいるさま。「離婚して以来、鬱々として暮らしている」など。

〔きゅうきゅう〕　ひとつのことにあくせくし、余裕がないさま。「保身に汲々とする」など。

〔ほのぼの〕　ほんのりと心温まるさま。「心温まる話に仄々する」など。

〔もんもん〕　悩みを表に出すのではなく、内心でじっと悩んでいるさま。「かなわぬ恋に、悶々とした日々を送る」など。

〔れんれん〕　未練があるさま。諦めきれないさま。「いまだ地位に恋々としている」など。

▼漢字の音読みには、よく使われる「呉音」、「漢音」のほか、比較的珍しい「唐音」があります。以下、その「唐音」で読む漢字です。読めますか？

□**行灯**……「あん」が唐音。「行宮《あんぐう》」、「行火《あんか》」も、「あん」と読む。〔あんどん〕

□**普請**……「しん」が唐音。〔ふしん〕

□**和尚**……「お」が唐音。〔おしょう〕

□**蒲団**……「とん」が唐音。〔ふとん〕

□**炭団**……「どん」は、唐音の「とん」が濁音化した読み方。〔たどん〕

□**提灯**……「ちん」が唐音。〔ちょうちん〕

□**胡散**……「う」が唐音。〔うさん〕

□**金子**……「す」が唐音。「椅子《いす》」、「緞子《どんす》」も「す」と読む。〔きんす〕

□**脚絆**……「きゃ」が唐音。〔きゃはん〕

□**外郎**……「うい」が唐音。〔**ういろう**〕

□**饅頭**……「じゅう」が唐音。〔**まんじゅう**〕

□**暖簾**……「暖」を「のん」と読むのが唐音で、のれんの「の」はそれが縮まった形。〔**のれん**〕

□**焼売**……「まい」が唐音。〔**しゅーまい**〕

□**風鈴**……「りん」が唐音。〔**ふうりん**〕

□**西瓜**……「すい」が唐音。〔**すいか**〕

□**看経**……「きん」が唐音。〔**かんきん**〕

□**庫裏**……「く」が唐音。〔**くり**〕

□**箪笥**……「す」が唐音。〔**たんす**〕

※なお、「唐音」といっても、唐代に伝わったわけではなく、宋代以後にわが国に伝わった音。おもに、禅宗の僧侶によって伝えられた。

▼日本語としては珍しい「ぱぴぷぺぽ」で読まないと、間違いになる言葉です。正しく読んでください。

□村夫子　〔そんぷうし〕
□伝法　〔でんぽう／でんぼう〕
□年俸　〔ねんぽう〕
□外方　〔そっぽ〕
□門扉　〔もんぴ〕
□門標　〔もんぴょう〕
□伝播　〔でんぱ〕
□法被　〔はっぴ〕
□合羽　〔かっぱ〕
□気っ風　〔きっぷ〕
□金波銀波　〔きんぱぎんぱ〕
□厳秘　〔げんぴ〕
□鉄面皮　〔てつめんぴ〕
□心肺　〔しんぱい〕

□素っ波抜く　〔すっぱぬく〕
□困憊　〔こんぱい〕
□疾病　〔しっぺい〕
□頒布　〔はんぷ〕
□淋巴液　〔りんぱえき〕
□舌鋒　〔ぜっぽう〕
□運否天賦　〔うんぷてんぷ〕
□恰幅　〔かっぷく〕
□鉄壁　〔てっぺき〕
□信憑性　〔しんぴょうせい〕
□接吻　〔せっぷん〕
□偏頗　〔へんぱ〕
□辺鄙　〔へんぴ〕
□干瓢　〔かんぴょう〕

▼「海」のつく生き物や食べ物の名前です。いくつ読めますか？

- □海豚〔いるか〕
- □海胆〔うに〕
- □海老〔えび〕
- □海月〔くらげ〕
- □海鼠腸〔このわた〕
- □海象〔せいうち〕
- □海馬〔たつのおとしご〕
- □海苔〔のり〕
- □海鼠〔なまこ〕
- □海星〔ひとで〕
- □海鞘〔ほや〕
- □海蘊〔もずく〕

▼世界の国名・地名は、漢字ではこう書きます。読めますか？

□英吉利……「英国」と書くのは、この書き方がもと。〔イギリス〕
□瑞西……ヨーロッパ中央の永世中立国。〔スイス〕
□希臘……古代文明が栄えた南欧の国。〔ギリシャ〕
□土耳古……中近東の国。〔トルコ〕
□埃及……ピラミッドで有名な国。〔エジプト〕
□星港……マレー半島最南端の国・島。〔シンガポール〕
□西蔵……中国四川省の西の高原地帯。〔チベット〕
□呂宋……フィリピンの古い名前。〔ルソン〕
□華盛頓……アメリカの首都。「華府」とも書く。〔ワシントン〕
□紐育……アメリカ東海岸の大都市。〔ニューヨーク〕

□**桑港**……アメリカ西海岸の港湾都市。〔サンフランシスコ〕
□**巴里**……フランスの首都。「巴里祭」など。〔パリ〕
□**伯林**……ドイツの首都。〔ベルリン〕
□**羅馬**……イタリアの首都。〔ローマ〕

その道のプロも間違える漢字の〝落とし穴〟とは？

▼**これまで、各局のアナウンサーたちが読み間違えてきた言葉です。〝アナのふりみて、わがフリ直せ〟。正しく読めますか？**

□**今夜は「風雨《ふうう》」が強くなるでしょう**……今夜は「×フウフ」が強くなるでしょう。
□**今日は「寒気《かんき》」が襲ってくるでしょう**……今日は「×サムケ」が襲ってくるでしょう。

□「雷《かみなり》」の発生……「×ユキ」の発生。

□ご「乱行《らんぎょう》」……「×ゴランコウ」。なお、ランコウと読むのは、「乱交」のほう。

□「団塊《だんかい》」の世代……「×ダンコン」の世代。

□「無傷《むきず》」の3連勝……「×ムショウ」の3連勝。

□「噴飯物《ふんぱんもの》」……「×スイハンモノ」。

□「見世物《みせもの》」……「×ケンセイブツ」。

□「肋骨《ろっこつ》」にヒビが入った……「×ジョコツ」にヒビが入った。

□「筋骨《きんこつ》」……「×スジボネ」。

□お「妃《きさき》」問題……「×オヒ」問題。

□シューベルトの「鱒《ます》」……シューベルトの「×シャケ」。

□「尾鷲《おわせ》」……「×オワシ」。

□「平家《へいけ》物語」……「×ヒラヤモノガタリ」。

□「徳川綱吉《つなよし》」……「×トクガワアミキチ」。

□「**常盤**《じょうばん》」**自動車道**……「×トキワ」自動車道。

□「**創業家**《そうぎょうけ》」……「×ソウギョウカ」。

▼もちろん、芸能界も、誤読の多発地帯。タレントたちの〝迷作〟をご紹介しましょう。

□「**伊達**《だて》」**男**……「×イタチ」男。（元アイドル歌手）

□**お「土産**《みやげ》」……「×オドサン」。（元アイドル歌手歌手）

□「**柿落とし**《こけらおとし》」……「×カキオトシ」。（有名女性演歌歌手）

□「**渋滞中**《じゅうたいちゅう》」……「×シブオビチュウ」。（大物歌手）

□「**玉串**《たまぐし》」**を捧げる**……「×タマグキ」をささげる。（某女優）

□「**只今**《ただいま》」……「×ロハイマ」。（元男性アイドル歌手）

□「**日常茶飯事**《にちじょうさはんじ》」……「×ニチジョウチャメシゴト」。（某有名プロ野球監督）

□「**細雪**《ささめゆき》」……「×ホソユキ」。（某女優）

□「**永井荷風**《ながいかふう》」……「×ナガイニフウ」。（男性俳優）

□「歯舞《はぼまい》」……「×ハワイ」。（某アイドル。ハマイと読んだがハワイに聞こえた？）

□「練馬区《ねりまく》」……「×レンマク」。（某アイドル）

▼国会も、誤読事件の頻発エリアです。代表例をご紹介しましょう。

□「追加《ついか》」予算……「×オイカ」よさん。

□「補正予算《ほせいよさん》」……「×ヨセイホサン」。

□自浄「作用《さよう》」……じじょう「×サクヨウ」。

□時期「尚早《しょうそう》」……じき「×ショウショウ」。

□「猛省《もうせい》」をうながす……「×モウショウ」をうながす。

□「進捗《しんちょく》」状況《じょうきょう》……「×シンショク」じょうきょう。

□「未曾有《みぞう》」……「×ミゾユウ」。

□「怪我《けが》」……「×カイガ」。

□「推《お》す」……「×スイ」す。

□「一抹《いちまつ》」の不安……「×イチミ」の不安。

□「傍目八目《おかめはちもく》」……「×ソバメ」はちもく。

□「自業《じごう》」自得……「×ジギョウ」じとく。

□「払拭《ふっしょく》」……「×フッテイ」。

□「思惑《おもわく》」……「×シワク」。

□「牛耳《ぎゅうじ》」る……「×ギビ」る。

□「云々《うんぬん》」……「×デンデン」。

2

一瞬で答えれば、知性がひかる言葉の「雑学」

教養として頭に入れておきたい「人の名前」

▼まずは「○○王」と呼ばれた人たちから。誰のことか、ご存じですか?

□**喜劇王**……ご存じ、俳優で映画監督のチャップリン。

□**ワルツ王**……ワルツ曲の『美しく青きドナウ』などを作曲したヨハン・シュトラウス。

□**歌曲王**……『冬の旅』など、多数の「歌曲」を作曲したシューベルト。なお、「歌曲」は、歌詞のあるクラシック音楽のこと。

□**楽劇王**……「楽劇」は、ワーグナーが始めたオペラの様式。そのワーグナーが「楽劇王」と呼ばれるのは、当然の話。

□**帝王**……クラシック界では、指揮者のカラヤンのこと。ゴルフ界では、ジャック・ニクラウス。一方、「皇帝」と呼ばれたのは、サッカーのベッケンバウアー。

□**鉄鋼王**……アンドリュー・カーネギー。USスチールの前身となる製鉄会社の創業者。

□**自動車王**……ヘンリー・フォード。自動車の大量生産技術を確立した。

□**ミステリーの女王**……名探偵ポワロシリーズなど、多数のミステリーを著したアガサ・クリスティ。

▼「○○の父」と呼ばれた人々です。誰のことか、ご存じですか？

□**医学の父**……ヒポクラテス。古代ギリシャの医学者。「医聖」とも呼ばれる。

□**歴史学の父**……ヘロドトス。古代ギリシャの歴史家。

□**幾何学の父**……ユークリッド。古代ギリシャの数学者、天文学者。

□**経済学の父**……アダム・スミス。古典派経済学の創始者。

□**音楽の父**……バッハ。現代につながる西洋音楽の基礎を構築した。

□**交響曲の父**……ハイドン。「古典派音楽の父」とも呼ばれる。

□**近代オリンピックの父**……フランスのクーベルタン男爵。

□**コンピューターの父**……フォン・ノイマン。原爆開発に関与したことでも知られる。

□**水爆の父**……エドワード・テラー。水爆開発を主導した核物理学者。

□**日本資本主義の父**……渋沢栄一。第一国立銀行や東京証券取引所など、多様な組織、企業の設立にかかわった。新紙幣の〝顔〟。

□**近代郵便の父**……前島密《ひそか》。日本の近代的な郵便制度の創始者。1円切手の肖像で知られる。

▼**続いては、「神様」と呼ばれた人々です。誰のことか、ご存じですか？**

□**憲政の神様**……尾崎行雄。日本の議会の創成期から、半世紀にわたって、衆議院議員をつとめた政治家。

□**学問の神様**……平安時代の学者・政治家、菅原道真のこと。

□**小説の神様**……志賀直哉。その作品の『小僧の神様』にかけて、こう呼ばれた。

□**マンガの神様**……手塚治虫。日本のマンガ文化の生みの親。

□**フォークの神様**……世界的にはボブ・ディラン。日本では岡林信康。

□**打撃の神様**……メジャーリーグでは、最後の4割打者、テッド・ウイリアムズ。日本では、V9時代の巨人軍の監督をつとめた赤バットの川上哲治。

▼世界史上の「異名」をとる人たちです。誰のことか、わかりますか？

□**太陽王**……フランスのルイ14世のこと。

□**航海王子**……ポルトガル王子のエンリケのこと。14〜15世紀、アフリカ沿岸を南下する航路開拓に尽力し、大航海時代の扉を開いた。

□**青き狼**……チンギス・ハンのこと。

□**黒太子**《こくたいし》……14世紀のイングランドのエドワード王太子。百年戦争の前期、ポワティエの戦いなどで勝利をおさめた。黒い鎧を愛用したことから、「黒太子」と呼ばれた。

□**死の天使**……アウシュヴィッツ収容所の医師ヨーセフ・メンゲレの異名。

□**砂漠の狐**……第二次世界大戦時のドイツの将軍ロンメルのこと。アフリカ戦線で戦車隊を率い、巧みな戦術でイギリス軍を悩ませた。

□**鉄の女**……イギリスのマーガレット・サッチャー元首相。いわゆる「英国病」にあえいでいた老大国を建て直した。

□**万学の祖**……古代ギリシャのアリストテレス。その〝研究範囲〟は、今の学問分野でいうと、哲学、倫理学、政治学、文学、論理学、自然科学などにおよぶ。

□**クリミアの天使**……ナイチンゲール。１８５４年、クリミア戦争の惨状を知り、約40人の看護師を率いて、野戦病院で看護に当たったことから。

□**暗黒街の帝王**……アル・カポネ。禁酒法時代のシカゴ・ギャング団のボスで、「スカー・フェース」(傷のある顔)とも呼ばれた。

□**建築の詩人**……アントニー・ガウディ。スペインの建築家。

□**炎の画家**……オランダの画家、ゴッホのこと。

□**光の画家**……フェルメール。「光の魔術師」とも呼ばれる。

□**映像の魔術師**……イタリアの映画監督のフェデリコ・フェリーニのこと。

□**ピアノの詩人**……ショパン。ポーランドの作曲家。

□**ピアノの魔術師**……ハンガリー生まれの作曲家のフランツ・リストのこと。

□**バイオリンの魔術師**……イタリアのバイオリニストのパガニーニのこと。その超絶的なテクニックから、「悪魔の申し子」とも呼ばれた。

▼日本史上のいろいろな人物です。誰のことか、わかりますか？

□**鎌倉殿**……鎌倉幕府を開いた源頼朝のこと。

□**九郎判官**……頼朝の弟の源義経のこと。九男であり、判官を務めた。

□**相模太郎**……元寇を退けた鎌倉幕府8代執権の北条時宗《ときむね》のこと。父の時頼が相模守だったことから、こう呼ばれた。

□**八幡太郎**……平安時代後期の武将、源義家のこと。石清水《いわしみず》八幡宮で元服したことから。

□**槍の又左**……前田利家のこと。若い頃、織田信長の家中きっての槍の名手であったことから。

□**海道一の弓取**……今川義元のこと。後に、今川家にとって代わった徳川家康も、そう呼ばれた。

□**殺生関白**……豊臣秀次のこと。「摂政関白」をもじった言葉。粗暴で、無慈悲な殺生をするという噂をたてられたことから。

□**井伊の赤鬼**……徳川四天王の一人、井伊直政のこと。

□**鬼武蔵**……森長可《ながよし》のこと。織田信長に仕えた安土桃山時代の武将。

□**鬼左近**……島左近。安土桃山時代、石田三成らに仕えた武将。関ケ原の戦いで奮戦した。

□**天下の御意見番**……徳川家の旗本、大久保彦左衛門のこと。

□**鬼平**……火付盗賊改《あらため》の頭《かしら》を務めた長谷川平蔵のこと。

□**海道一の大親分**……清水次郎長のこと。

□**甘藷先生**……薩摩芋を広めた青木昆陽《こんよう》のこと。

□**小西郷**《こさいごう》……西郷隆盛（大西郷）の弟の西郷従道《つぐみち》のこと。「しょうさいごう」ではなく、「こさいごう」と読む。

□**人斬り以蔵**……幕末の土佐郷士、岡田以蔵のこと。幕末、武市半平太の指示などによって、京都で数多くの暗殺を手がけた。

□**人斬り半次郎**……薩摩の中村半次郎のこと。

□**電力の鬼**……松永安左エ門のこと。戦後、電力事業の分割民営化に尽力した実業家。

▼「○○の宰相」と呼ばれた人たちです。誰のことか、わかりますか？

□**黒衣《こくえ》の宰相**……天台宗の僧であり、徳川家康のブレーンをつとめた僧・天海のこと。

□**鉄血宰相**……19世紀のドイツの宰相ビスマルク。巧みな外交術で知られ、「誠実なる仲買人」という異名ももつ。

□**白足袋《しろたび》の宰相**……戦後、占領期の首相・吉田茂。国会を含めて、和装で人前に現れることが多く、白足袋をはいていたことから。

□**達磨《だるま》宰相**……戦前、首相・蔵相を歴任した政治家・高橋是清《これきよ》。丸顔にひげをたくわえた風貌が「達磨」によく似ていたことから。

□**平民《へいみん》宰相**……戦前の首相・原敬《たかし》のこと。華族ではない「平民」出身者として、初めて首相に就任したことから。

□**ライオン宰相**……戦前の首相・浜口雄幸《おさち》のこと。顔、髪形などの風貌が、ライオン（というよりも「獅子」）を想像させたことから。

□**ビリケン宰相**……明治・大正期の軍人・政治家の寺内正毅《まさたけ》。首相も務めた。みごとに禿げた風貌が、大阪・通天閣名物の「ビリケン」によく似ていたことから。

▼続いては「○○将軍」です。どんな人か、どんなものか、わかりますか？

□**朝日将軍《あさひしょうぐん》**……源義仲の異称。「旭将軍」とも書く。

□**尼将軍《あましょうぐん》**……源頼朝の妻政子のこと。頼朝の死後、尼姿で幕府に影響力を及ぼしたことから。

□**竈将軍《かまどしょうぐん》**……これは、歴史上の人物ではなく、一家の主人のこと。

□**下馬将軍**《げばしょうぐん》……徳川幕府の大老・酒井忠清の異称。江戸城大手門の下馬札の前に屋敷があったことから。

□**米将軍**《こめしょうぐん》……徳川吉宗の異称。米の増産、価格安定につとめたことから。

□**征夷大将軍**《せいいたいしょうぐん》……幕府のトップの職名。「だいしょうぐん」と読まないように。

□**冬将軍**《ふゆしょうぐん》……きわめて厳しい冬を指す言葉。モスクワ遠征の際、ナポレオン軍が冬の寒さが原因で敗れたことから生まれた言葉。

□**闇将軍**《やみしょうぐん》……表には出ないが、実質的な実力者。「目白の闇将軍」といえば、かつて自民党を離党してからも実権を握っていた田中角栄のこと。

教養として頭に入れておきたい「場所の名前」

▼世界の「どこ」のことか、わかりますか？

□**太陽の沈まない国**……最初にこう呼ばれた国は、16世紀、大航海時代のスペイン。後に、19世紀、全盛期を迎えた大英帝国（イギリス）もこう呼ばれた。

□**地球の肺**……アマゾン。豊かな緑が、酸素を大量供給していることから。

□**世界の火薬庫**……バルカン半島のこと。第一次世界大戦の引き金をひいた地域。ポスト冷戦時代にも、ユーゴスラビア紛争が勃発、火薬庫化した。

□**中東の火薬庫**……こちらは、パレスチナのこと。

□**東洋のシリコンバレー**……インドのバンガロール。ＩＴ企業が集積している都市。

□**天国にいちばん近い島**……ニューカレドニア。作家の森村桂の小説のタイトルから広まったキャッチフレーズ。

□**火と氷の国**……アイスランド。北の海に浮かぶ火山島であることから。

□**世界の屋根**……ヒマラヤ山脈。標高７０００メートルを超える山々が連なっている。

□**アフリカの角**……アフリカ大陸北東部のソマリア、エリトリア、ジブチにまたがる地域。サイの角の形に似ていることから。

□**アフリカのスイス**……南アフリカに囲まれた内陸国、レソトのこと。国土の標高が平均１４００メートルもあることから、スイスにたとえられる。

□**ディキシーランド**……アメリカ南部諸州の異称。

□**アメリカの裏庭**……アメリカ合衆国と関係の深い中南米の国々。とくに、距離的に近いカリブ海地域の諸国を指すことが多い。

□**砂漠のマンハッタン**……イエメンの「シバーム」のこと。砂漠の中に、忽然と現れる高層建築群で、その多くは16世紀に土のレンガで建てられたもの。

▼日本の「どこ」のことか、わかりますか？

□**東洋のガラパゴス**……小笠原諸島のこと。独自の生態系を持つことから。「日本のガラパゴス」とも呼ばれる。

□**東洋のナポリ**……熱海のこと。日本を代表する観光地だった１９６０年代に命名された。

□**東洋のスイス**……諏訪盆地。高地にあり、時計産業が盛んなことから。

□**日本の屋根**……日本アルプスのこと。

□**近畿の屋根**……紀伊半島東部の大台《おおだい》ヶ原山地のこと。標高1000～1600メートルの山々が連なる。

□**坂東太郎**……利根川の異称。坂東（関東地方）の最も大きな川という意味。

□**○○の小京都**……こう呼ばれる都市は全国に50か所以上あるが、なかでも、「飛騨の小京都」（高山市）、「薩摩の小京都」（南九州市・知覧）、「山陰の小京都」（津和野町）あたりが有名。いずれも、古い町並みが残る土地。

□**杜《もり》の都**……仙台市のこと。同市では、1970年以降、「杜の都」という書き方を公文書でも統一表記として用いている。したがって「森の都」は仙台の代名詞ではないということ。

□**あじさい寺**……あじさいを多数植えている全国各地の寺院がこう呼ばれている。なかでも、鎌倉の明月院《めいげついん》が有名。

□**縁切寺**……江戸時代、夫と離婚するため、妻が駆け込んだ寺のこと。各地にあったが、鎌倉の東慶寺《とうけいじ》がとくに有名。

□**鈴虫寺**……京都市の華厳寺《けごんじ》のこと。鈴虫を四季を通して多数飼育しているため、こう呼ばれる。

□**凍れる音楽**……薬師寺東塔の別名。明治時代のお雇い外国人であり美術史家のアーネスト・フェノロサの言葉とされるが、異説もある。

□**将軍のお膝元**……江戸のこと。

□**天下の台所**……大坂（今の大阪）のこと。

□**ありんす国**……吉原のこと。遊女らが「○○でありんす」など、語尾を「ありんす」でしめる「ありんす言葉」を使ったことから。

□**出世城**……歴代城主が出世した城。とくに、家康が生まれた岡崎城がこう呼ばれる。他に、信長の清洲城、秀吉が初めて城持ちになった長浜城などがこう呼ばれる。

▼この地名や建物名が、どんな「組織」を表しているか、わかりますか？

□**霞が関**……中央省庁の総称。財務省（霞が関3丁目）や外務省（霞が関2丁目）など、多数の官庁の庁舎が集まっていることから。

□**桜田門**……警視庁の代名詞。ただし、正式な所在地は、外務省などと同じく、霞が関2丁目。

□**兜町**……証券・金融市場のこと。東京証券取引所があり、その所在地は日本橋兜町。

□**永田町**……政界を指す。国会議事堂の所在地は、永田町1丁目7の1。なお、永田町1丁目1の1に建っているのは憲政記念館。

□**目白**……かつて、政界で「目白」といえば、田中角栄元首相、あるいはその邸宅を意味した。ほか、「音羽」は鳩山一郎邸、「南平台」は三木武夫邸を指した。今は豪邸をもつ政治家が少なくなり、こうした呼び方は廃れている。

□**お台場**……テレビ業界では、フジテレビのこと。ちなみに、「赤坂」はＴＢＳ、「汐留」は日本テレビ、「六本木」はテレビ朝日を意味する。

□**ホワイトハウス**……アメリカの大統領官邸であり、公邸のこと。また、アメリカ政府の代名詞としても使われる。

□**クレムリン**……ロシア政府の代名詞。もとは「城砦」という意味。

□**中南海**……中国政府の中枢を指す。北京中央部にある湖「中海」、「南海」の周辺という意味で、中国政府・共産党要人の住居が集まっているエリア。

□**青瓦台**《せいがだい》……韓国の大統領府。文字通り、青い瓦屋根が印象的な建物。

□**エリゼ宮**……フランス大統領官邸。1718年建築の宮殿で、ナポレオン1世の妻ジョゼフィーヌやナポレオン3世も住んだことがある。

□**ダウニング街10番地**……イギリス首相官邸。その通りが17世紀、ダウニング卿によって建設されたことから、この名がある。なお、その11番地は大蔵大臣の官邸。

▼「○○の都」と呼ばれる街です。「どこ」のことでしょう?

□**霧の都**……イギリスの首都ロンドンのこと。もともと、地形的に霧が発生しやすく、産業革命後はスモッグでおおわれた。今は、改善している。

□**花の都**……フランスの首都パリのこと。芸術や文化の中心地として栄えたことから。「芸術の都」とも呼ばれる。

□**永遠の都**……イタリアの首都ローマのこと。紀元前から都市国家が存在し、古代ローマ帝国の首都に。今も、古代の遺跡が残っている。

□**水の都**……イタリアの都市ベネツィア。あるいは、オランダのアムステルダム。日本では八百八橋の町、大阪がこう呼ばれることもある。

□**映画の都**……アメリカ・ロサンゼルスのハリウッドのこと。アメリカ映画制作の中心地。

□**音楽の都**……オーストリアの首都ウィーンのこと。モーツァルトやベートーヴェンが活躍した。

□**千年の都**……平安時代から日本の都だった京都のこと。

▼「○○のパリ」と呼ばれる都市です。「どこ」のことか、わかりますか？

□**東洋のパリ**……戦前の上海。租界があり、欧風化されていたところから、こう呼ばれた。他に、カンボジアの首都のプノンペンやベトナムのホーチミンもこう呼ばれる。ともに、フランスの植民地だったことがあり、フランス統治時代の建物が残ることから。

□**北米のパリ**……カナダ・ケベック州の州都、ケベックシティを指す。フランス系の人々が建設し、今もフランス語が公用語で、フランス文化が色濃く残ることから。同じく、カナダの大都市モントリオールがこう呼ばれることもある。

□**南米のパリ**……アルゼンチンの首都、ブエノスアイレスのこと。かつてはスペインの植民地だったのだが、南米でいちばん美しい街という意味で、こう呼ばれる。

□**中東のパリ**……レバノンの首都ベイルートのこと。かつては、そう呼ばれるほど美しい都市だったが、内戦が続き、今はこの言葉を聞くことも少なくなった。

3

言葉の意味をきちんとおさえるのが語彙力アップのコツ

使える言葉が増えると、心のモヤモヤが消える

▼「人」をどう表すかは、言葉の教養が問われるところ。この項に集めた「者」のつく言葉、どんな人かわかりますか？

□**強か者**

□**古強者**

□**除け者**

□**戯け者**

〔**したたかもの**〕　一筋縄ではいかない、海千山千の人。もとは、強い人のこと。「健か者」とも書く。

〔**ふるつわもの**〕　経験の深いしたたか者。「業界の古強者」など。

〔**のけもの**〕　仲間はずれ。「除け者にされる」、「除け者扱い」など。なお、「除け物」と書くと、単に取り除いた物という意味。

〔**たわけもの**〕　愚か者。馬鹿者。「戯け」の語源は「田分け」（田を分け

□**痴れ者**
□**剛の者**
□**切れ者**
□**拗ね者**
□**余所者**
□**果報者**
□**数奇者**

ると、暮らしが成り立たなくなってしまう）という説が有力。

〔**しれもの**〕　愚か者。「痴か」で「おろか」と読む。

〔**ごうのもの**〕　もとは、力の強い武者を表す語。そこから、ある分野ですぐれている人物のことに。「聞きしにまさる剛の者」など。「豪の者」と書くのは間違い。

〔**きれもの**〕　頭がよく、物事を処理する能力がある人。「なかなかの切れ者」など。なお、「切れ物」と書くと、売り切れた品物を意味する場合がある。

〔**すねもの**〕　世をすねた人。ひねくれていて、素直ではない人。

〔**よそもの**〕　他の土地からきた者。「余所者扱い」など。なお、親しくしないことを意味する「よそよそしい」は、漢字では「余所余所しい」と書く。

〔**かほうもの**〕　幸せな者。「果報」は巡り合わせのよいこと。

〔**すきしゃ**〕　風流な人。茶人。一方、「好き者」と書くと、「すきもの」

と読み、好色な人という意味。

□口巧者

〔くちごうしゃ〕 口達者。言葉巧みな人。「部内一の口巧者」など。

▼「○○翁」と呼ばれる人やものです。誰のことか、どんなものか、わかりますか？

□杜翁

〔とおう〕 ロシアの文豪、トルストイのこと。なお、「翁」は高齢の男性につける尊称。

□沙翁

〔さおう〕 シェイクスピアのこと。「沙吉比亜」という漢字を当てたことから。その略称。

□奈翁

〔なおう〕 フランスの皇帝ナポレオンのこと。ナポレオンは高齢を迎える前に亡くなったが、幕末・明治の日本では、「翁」をつけて敬意を払った。

□福翁

〔ふくおう〕 福沢諭吉のこと。『福翁自伝』という自伝もある。

□信天翁

〔あほうどり、しんてんおう〕 海鳥のアホウドリのこと。「魚が天から落ちてくるのを信じている」ほど、のんびりした鳥という意味。

▼女房詞《ことば》など、「○○文字」型の言葉です。どんなものか、わかりますか？

□御目文字

□黒文字

□牛の角文字

□直ぐな文字

□さ文字

〔おめもじ〕　お目にかかることを意味する女性語。

〔くろもじ〕　クスノキ科の落葉低木。また、その木でつくることから、爪楊枝のこと。

〔うしのつのもじ〕　平仮名の「い」のこと。形が牛の角に似ていることから。

〔すぐなもじ〕　平仮名の「し」。草書では一本線のように真っ直ぐに書くことから。

〔さもじ〕　魚や鯖を意味する女房詞。あるいは「さびし」の隠語としても使われた。

▼「塩」の振り方・使い方を表す言葉です。どんな使い方か、わかりますか？

□**当て塩**……料理の素材に少量の塩をふりかけ、塩味をつけること。

□**振り塩**……素材に塩をふりかけること。

□**甘塩**……食材に、薄く塩味をつけること。

□**薄塩**……食材に、薄く塩をふりかけること。

□**一塩**《ひとしお》……魚や野菜に、かるく塩をふること。なお、染め物に由来する「一入《ひとしお》」とは、意味の違う言葉。

□**紙塩**……魚などを和紙にはさんで、塩をのせ、水をふりかけて、かるく塩味をつける料理の技法。

□**化粧塩**……魚の尾やひれなどにまぶす塩。焼き上がりを美しくするための技。

□**粗塩**《あらじお》……結晶の粗い精製していない塩。

□**立て塩**……海水くらいの濃度に、塩を水にとかすこと。魚介類の下洗いなどに使い、薄い塩味をつけるために使う。

□**呼び塩**……塩分が濃い食材の塩気を抜くため、薄い塩水に浸すこと。

それが何を指しているか、ご存じですか

▼「○○の格闘技」と呼ばれるスポーツです。どんな競技のことでしょう？

□**水上の格闘技**……モーターボートレース。時速80キロのスピードで、コースどりを激しく争い、激突、転覆も珍しくないことから。

□**水中の格闘技**……水球。審判に見えない水面下で、足で蹴り合うなど、激しい攻防戦が繰り広げられている。

□**雪上の格闘技**……スノーボードクロス。同時出走して争うので、接触・転倒が日常茶飯事の競技。

□**氷上の格闘技**……アイスホッケー。いかつい防具をつけて、激しくぶつかり合い、パックを奪い合うところから。北米のプロリーグでは、乱闘さえ見せ場。なお、「氷上のチェス」はカーリング、「氷上の芸術」はフィギュアスケートを指す。

□**陸上の格闘技**……800メートル競走、あるいは1500メートル競走。接触転倒が多発することから。

▼「海の○○」と呼ばれる生き物・食べ物です。何のことか、わかりますか？

□**海のキュウリ**……海鼠《なまこ》のこと。その形から、英語ではsea cucumberという。また、北欧では、やはりその形から「海のソーセージ」という意味の言葉で呼ぶ。

□**海のダイヤ**……クロマグロのこと。むろん、ダイヤモンドのように貴重であり、値段も高いことから。

□**海のミルク**……牡蠣《かき》のこと。その色合い、そして、栄養豊富であることから。また、牡蠣、とりわけ岩牡蠣のことを「海のチーズ」と呼ぶこともある。

□**海のパイナップル**……海鞘《ほや》。その丸くて、でこぼこした形から。

□**海のフォアグラ**……鮟肝《あんきも》（鮟鱇の肝）のこと。濃厚な味が、フォアグラに似ていることから。

□**海のアユ**……鱚《きす》。細身の姿が川魚のアユに似ていて、味もいいことから。

□**海の牧草**……カタクチイワシのこと。多くの魚のエサとなることから。

□**海の翁《おきな》**……エビのこと。その曲がった体が、翁（老人）の腰の曲がった姿のように見えることから。

▼どんなモノのことか、わかりますか？

□**赤いダイヤ**……「ダイヤ」は、高値で取引される商品の代名詞として使われる言葉。「赤いダイヤ」は小豆のことで、かつて価格が乱高下し、ときに高値をつけたことから。「黒いダイヤ」はオオクワガタ、あるいはトリュフのこと。「黄色いダイヤ」はカズノコ。これらも、高値で取引されたことから。

□**キリストの血**……赤ワインのこと。『新約聖書』の「最後の晩餐」の場面で、イエスはワインの杯を手にし、「これは私の血の杯」と語る。今も、キリスト教では、ミサや祭儀で赤ワインが用いられている。一方、「キリストの涙」は白ワインのこと。

□**キリストの肉**……こちらは、パンのこと。

□**果物の王様**……ドリアンのこと。マレー半島で、国王が精力増強のために食べていたことが関係している。

□**野菜の王様**……モロヘイヤのこと。こちらは、古代エジプトで王様が食べていたと伝えられる。

□**生きた化石**……魚のシーラカンスを指すことが多いが、ほかに古代から形を変えていない生物、カブトガニ、オウムガイ、メタセコイア、肺魚なども、こう呼ばれることがある。

□**森のバター**……アボカド。バターのように、豊富な脂肪分を含んでいることから。

□**禁断の果実**……リンゴ。むろん、『旧約聖書』のアダムとイブのエピソードから。

□**磯の王者**……イシダイ。その味のよさ、値段の高さなどに対しての〝尊称〟。

□**草原の王者**……動物ではライオン、人間ではチンギス・ハンを指す。

□**密林の王者**……トラ。草原で暮らすライオンに対し、トラは密林で暮らすところから。

□**沈黙の臓器**……肝臓。肝炎などにかかっても、目立った症状が現れないうちに、病状が進行することから。

□**赤い悪魔**……サッカーのマンチェスター・ユナイテッドの異名。ユニフォームが赤いことから。なお、サッカー界では、ベルギー、コンゴ、韓国の代表チーム、日本の浦和レッズも「赤い悪魔」と呼ばれている。

□**建築界のノーベル賞**……「○○界のノーベル賞」や「○○界の芥川賞」は、よく使われる言い回し。「建築界のノーベル賞」は、プリツカー賞のこと。

□**鉄の貴婦人**……パリのエッフェル塔のこと。「鉄のレース編み」と呼ばれることも。

4

ここ一番で差がつく「漢字」の読み方・使い方〈応用編〉

漢字が苦手なら、このポイントをおさえればいい　level 1

▼スマホで二通りの書き方が出てくる言葉です。

パソコンやスマホで熟語を打つと、「肝腎」と「肝心」、「一攫千金」と「一獲千金」など、二通りの書き方が現れることがあります。それらの多くは、一つが〝本来の書き方〟で、もう一つが〝今主流の書き方〟です。

二通りの書き方が生まれた主な理由は、役所や新聞社などが原則として常用漢字のみを使い、それ以外の漢字を常用漢字に書き換えてきたこと。この項で紹介するのは、そうした「代用漢字」を使った言葉で、前者が本来の書き方、後者が今主流の書き方です。

□**象嵌と象眼**……「嵌」が常用漢字外なので、「眼」に書き換えられた。「象」は「かたどる」、「嵌」は「はめる」という意味。

□**肝腎と肝心**……「腎」が常用漢字外。「肝」も「腎」も、体の重要な臓器。

□**擡頭と台頭**……「擡」が常用漢字外。「擡げる」で「もたげる」と読む。「台」では意味が成立しないのだが、今はこちらが主流の書き方。

□**醗酵と発酵**……「醗」が常用漢字外。「醗す」で「かもす」、「酵」は「もと」と読む。

□**波瀾と波乱**……「瀾」が常用漢字外。「瀾」の訓読みは「なみ」で、おおなみを表す。一方、「波」は普通の波。「波瀾万丈」は、大波が万丈の高さにまで達するさま。

□**間歇的と間欠的**……「歇」が常用漢字外。「歇める」で「やめる」、「歇きる」で「つきる」と読む。

□**毀損と棄損**……「毀」が常用漢字外。「毀」には、こわすという意味がある。すてるという意味の「棄」では、意味が成立しないが、今はこちらが主流。

□**醵出金と拠出金**……みんなで出し合うお金のこと。「醵」には、金を出し合って飲み食いするという意味がある。「拠る」という意味の「拠」では、意味が成立しないが、今はこちらが主流。

□**慰藉料と慰謝料**……「藉」が常用漢字外。「藉」には、いたわるという意味がある。本来は「謝る」わけではない。

□**一攫千金と一獲千金**……「攫」が常用漢字外。「獲る」でも意味は成立しているのが、「攫む」で「つかむ」と読む「攫」のほうが感じは出ている。

□**湮滅と隠滅**……「湮」が常用漢字外。「湮」には、うずもれるという意味がある。

□**沈澱と沈殿**……「澱」が常用漢字外。澱には、よどむという意味があり、「おり」、

「どろ」とも読む。「殿《との》」では、意味が成立しないが、今はこちらが主流。

□**旱害と干害**……「旱」が常用漢字外。「旱」には「ひでり」という訓読みがある。

□**蒸溜と蒸留**……「溜」が常用漢字外。「溜る」で「したたる」と読む。液体を熱して、したたるものを集めるという意味。

□**漁撈と漁労**……「撈」が常用漢字外。「撈」には、すくいとるという意味がある。

□**杜絶と途絶**……「杜」が常用漢字外。「杜」には、ふさがるという意味がある。

□**耕耘機と耕運機**……「耘」が常用漢字外。「耘る」で「くさぎる」と読み、草を切るという意味がある。

□**撒水車と散水車**……「撒」が常用漢字外。「撒く」で「まく」と読む。

漢字が苦手なら、このポイントをおさえればいい　level 2

▼夏の暑さを表す熟語です。どんな「暑さ」か、イメージできますか？

□**向暑**……これから、最も暑い時期に〝向かう〟時期の暑さ。〔**こうしょ**〕
□**薄暑**……初夏に、わずかに感じるほどの暑さ。〔**はくしょ**〕
□**初暑**……夏の〝初め〟の暑さ。〔**はつあつさ**〕
□**酷暑**……〝過酷〟なほどの、たいへんな暑さ。〔**こくしょ**〕
□**極暑**……最もひどい暑さ。〔**ごくしょ**〕
□**猛暑**……すさまじい暑さ。〔**もうしょ**〕
□**大暑**……二十四節気のひとつ。陰暦6月後半。たいへんな暑さという意味もある。〔**たいしょ**〕
□**小暑**……二十四節気のひとつ。陰暦6月前半。〔**しょうしょ**〕

□**炎暑**……真夏の、火のような暑さ。　〔えんしょ〕
□**甚暑**……はなはだしい暑さ。　〔じんしょ〕
□**厳暑**……きびしい暑さ。　〔げんしょ〕
□**消暑**……夏の暑さをしのぐこと。「消夏」ともいう。　〔しょうしょ〕
□**耐暑**……暑さを耐えしのぐこと。　〔たいしょ〕

▼「界」で終わる言葉です。どんな「世界」か、わかりますか？

□**斯界**……その分野という意味。「斯界の大家」、「斯界の長老」など。　〔しかい〕
□**苦界**……遊女のつらい境遇。「苦界に身を沈める」など。　〔くがい〕
□**公界**……晴れの場所。世間。人前。　〔くがい〕
□**俗界**……人の住む世の中。俗世間。　〔ぞっかい〕
□**異界**……日常とは時空が異なる世界。亡霊や鬼がすむ世界。　〔いかい〕
□**花柳界**……芸者や遊女の世界。　〔かりゅうかい〕
□**法曹界**……弁護士、裁判官など、法律に関係する人の世界。　〔ほうそうかい〕
□**政界**……政治の世界。　〔せいかい〕

□**三界**……仏教の世界観による三つの世界。欲界、色界、無色界を指す。〔さんがい〕
□**四界**……天、地、水、陽の四つの世界。〔しかい〕
□**欲界**……仏教語で、食欲、性欲などの欲望が盛んな世界。〔よっかい〕
□**天上界**……仏教で、天上にあるとされる世界。〔てんじょうかい〕
□**人間界**……天井界に対して、人の住む世界。〔にんげんかい〕

▼女性美を表す「艶」と「麗」のつく言葉です。どんな美しさでしょう？

□**妖艶**……妖しいまでに、艶《つや》やかなさま。〔ようえん〕
□**嬌艶**……なまめかしく、艶やかなさま。〔きょうえん〕
□**豊艶**……肉付きがよく、性的魅力に溢れた艶やかなさま。〔ほうえん〕
□**凄艶**……ぞっとするほどの凄味がある艶やかなさま。〔せいえん〕
□**濃艶**……どぎついほど、つやっぽく、艶やかなさま。〔のうえん〕
□**艶麗**……艶やかに、麗しいさま。〔えんれい〕
□**美麗**……美しく、麗しいさま。〔びれい〕
□**華麗**……華やかに、美しいさま。〔かれい〕
□**端麗**……形や姿がととのっていて、麗しいさま。〔たんれい〕

漢字が苦手なら、このポイントをおさえればいい　level 3

▼文字の「形」を利用した言葉です。意味がわかりますか？

□川の字に寝る

〔かわのじにねる〕　親子三人が「川」の字のように並んで寝るさま。

□大の字になって寝る

〔だいのじになってねる〕　「大」の字の形のように、手足を広げ、仰向けに寝ころんださま。

□口を一文字に結ぶ

〔くちをいちもんじにむすぶ〕　口を「一」の字のように、まっすぐにして閉じること。決意がかたいさま。

□腹を横一文字にかっさばく

〔はらをよこいちもんじにかっさばく〕　腹を「一」の字のように、まっすぐ横に切ること。切腹するさま。

□卍固め
〔まんじがため〕プロレスで、二人の選手が「卍」の形のように絡み合う固め技。

□八の字眉
〔はちのじまゆ〕「八」の字のように、下がった眉。

□十字を切る
〔じゅうじをきる〕キリスト教徒が神に祈るさま。手で胸の上に「十字」の形を描く。

□体をくの字に折る
〔からだをくのじにおる〕みぞおちあたりを殴られたときに、上半身が「く」の字の形のように、前に折れるさま。

□口をへの字にする
〔くちをへのじにする〕「へ」の字のように、口角《こうかく》を下げるさま。不満顔になること。

▼「人」で終わる熟語です。どんな人かわかりますか？

□玄人
〔くろうと〕プロ。対義語は、もちろん「素人」。

□仲人
〔なこうど〕結婚をとりもつ人。「仲人口」など。

□海人

□咎人

□狩人

□若人

□良人

□通人

□士人

□客人

□杣人

〔あま〕　海にもぐって、貝類などをとる人。沖縄では「ウミンチュ」と読む。女性の「あま」は「海女」と書く。

〔とがにん〕　罪人。「科人」とも書く。

〔かりゅうど〕　狩りを仕事としている人。

〔わこうど〕　若い人。若者。青年。「若人の祭典」など。

〔りょうにん〕　よい人。賢い人。「おっと」とも読み、配偶者である男性のこと。「りょうじん」とも読み、こちらは「よい人」のこと。

〔つうじん〕　趣味などに精通している人。花柳界の事情に通じている人。「通人を気取る」など。

〔しじん〕　高い教養と徳を備えた人。もとは、武士のこと。

〔きゃくじん〕　「お客」の古風な言い方。「まろうど」とも読む。

〔そまびと〕　木を切り出すことを仕事としている人。

□**万人**

□**御両人**

□**器量人**

□**個々人**

□**発頭人**

□**雲上人**

〔ばんじん、ばんにん〕　すべての人。多くの人。「万人の願い」、「万人の思い」など。

〔ごりょうにん〕　二人の人。両名。「いよ、御両人」など。なお、「御寮人」や「御料人」は、意味の違う言葉なので注意。これらは、古くは貴人の息子・娘を指し、江戸時代は、町家の若妻に対して使われた言葉。

〔きりょうじん〕　才能や力量のある人。×きりょうにん。

〔ここじん〕　一人ひとり。各人。「個々人の責任」など。

〔ほっとうにん〕　事を企てた人。張本人。

〔うんじょうびと〕　もとは、御所で殿上の間に昇ることを許された人。比喩的に、一般とかけはなれた身分の人。「雲の上の人」と同じ意味。

▼見慣れた漢字の「あまり知られていない音読み」です。読めますか？

□届〔かい〕
□株〔しゅ〕
□咲〔しょう〕
□扱〔そう、きゅう〕
□芋〔う〕
□袋〔たい〕
□貝〔ばい〕
□浜〔ひん〕
□津〔しん〕
□娘〔じょう〕
□浦〔ほ〕
□芝〔し〕

□瀬〔らい〕
□刈〔がい〕
□卸〔しゃ〕
□滝〔そう、ろう〕
□畑〔音読みはない〕日本生まれの「国字」であり、音読みはない。
□枠〔音読みはない〕これも日本生まれの「国字」で、音読みはない。「わく」と読むのは訓読み。
□辻〔音読みはない〕これも日本生まれの「国字」。

▼最初と最後の漢字が同じ文字という「山本山」式の三文字の熟語を集めてみました。読めますか？　意味がわかりますか？

□時分時　〔じぶんどき〕食事どき。「時分時にお邪魔してごめんなさい」。

□金地金　〔きんじがね〕金塊のこと。

□筒井筒　〔つついづつ〕幼なじみ。男女に関して使う。「筒井筒の仲」。

□秘中秘　〔ひちゅうのひ〕秘密のなかの秘密の事柄。

□刻一刻　〔こくいっこく〕時間が移るさま。「刻一刻と時が過ぎていく」。

□歩一歩　〔ほいっぽ〕一歩一歩進むさま。「歩一歩と勝利に近づく」。

□層一層　〔そういっそう〕「一層」を強調する語。

□馬車馬　〔ばしゃうま〕がむしゃらに働くさま。「馬車馬のように働く」。

□文語文　〔ぶんごぶん〕昔の書き言葉で書いた文。

□劇中劇
□体全体
□水道水
□石灰石
□味噌味
□運不運
□幸不幸
□適不適
□戦車戦
□粉白粉
□亜細亜
□沖縄沖

〔げきちゅうげき〕　ドラマの中のドラマ。
〔からだぜんたい〕　体じゅう。
〔すいどうすい〕　水道から出てくる水。
〔せっかいせき〕　堆積岩の一種。セメントの原料になる。
〔みそあじ〕　味噌で仕立てた味。
〔うんうふん〕　幸運と不運。「運不運に左右される」。
〔こうふこう〕　幸福と不幸。「幸不幸は紙一重」。
〔てきふてき〕　適当であるか、ないか。「適不適を十分に考慮する」。
〔せんしゃせん〕　戦車どうしによる戦い。「独ソの大戦車戦」。
〔こなおしろい〕　粉末状のおしろい。
〔アジア〕　ユーラシア大陸の中部、東部のこと。
〔おきなわおき〕　沖縄本島などの沖の海域。「沖縄沖を台風が通過する」。

▼続いて、一文字目と二文字目が同じ漢字の「大々的」式の三文字の熟語です。読めますか？　意味がわかりますか？

□暗々裏

□種々相

□段々畑

□好々爺

□大々的

□万々一

□万々歳

〔あんあんり〕　ひそかに。「暗々裡」とも書く。

〔しゅじゅそう〕　いろいろな様相、姿。

〔だんだんばたけ〕　山の斜面に階段状につくった畑。

〔こうこうや〕　人のいい老人。

〔だいだいてき〕　大がかりにするさま。「大々的なプロジェクト」。

〔まんまんいち〕　「万一」を強調した語。

〔ばんばんざい〕　これ以上ないほど、喜ばしいこと。「万歳」を強調した語。

□**都々逸**　〔**どどいつ**〕　俗謡の一つ。

□**弟弟子**　〔**おとうとでし**〕　自分よりも後に入門してきた者。

□**上上吉**　〔**じょうじょうきつ**〕　このうえもなく、吉であること。「じょうじょうきち」とも読む。

□**夜夜中**　〔**よるよなか**〕　真夜中。「夜中」を強調した語。

□**古古米**　〔**ここまい**〕　2年前に収穫されたコメ。

□**湯湯婆**　〔**ゆたんぽ**〕　お湯を入れて使う〝暖房器具〟。

□**日々草**　〔**にちにちそう**〕　キョウチクトウ科の一年草。日々花《にちにちか》は、その別名。

□**行々子**　〔**よしきり、ぎょうぎょうし**〕　鳥の一種。葦の原などにすみ、「ギョウギョウシ」のように鳴く。

▼「松竹梅」式の三文字の熟語です。読めますか？　使いこなせますか？

□**衣食住**　〔**いしょくじゅう**〕　人が暮らすために重要な三つのもの。「衣食住

□松竹梅

□天地人

□真行草

□雪月花

□大中小

に事欠かない」。

〔しょうちくばい〕　三つとも冬の寒さに耐える植物であることから、めでたいものの代名詞。「上中下」の意味でも使う。

〔てんちじん〕　世界を構成する三要素。宇宙の万物、すべて。かつての「大河ドラマ」のタイトルでもある。

〔しんぎょうそう〕　漢字の書体、書道の書き方の総称。「真」は楷書、「行」は行書、「草」は草書のこと。絵画や生け花などでも使い、「真」は基本に忠実な形、「草」は崩した優美な形、「行」はその間を表す。

〔せつげつか〕　季節の美しいものの代表。冬の雪、秋の月、春の花のことで、夏は出てこない。

〔だいちゅうしょう〕　さまざまなサイズの総称。「大中小、各種とりそろえる」。

漢字が苦手なら、このポイントをおさえればいい　level 4

▼熟語には、なぜその漢字が使われるのか、よくわからない言葉があるもの。見慣れた熟語の〝その漢字〟の意味をご存じですか？

□**親展の「親」**……この「親」は、おやではなく、みずからという意味で、「親展」は「自分で開けてください」という意。「親告罪」や「親政」の「親」も、この「みずから」という意味。

□**園芸の「芸」**……「芸」には、草木を育てるという意味がある。「芸える」で「うえる」と読む。

□**報道の「道」**……「道」には、物を言うという意味がある。「道う」で「いう」と読む。

□**光沢の「沢」**……この「沢」は、水の流れる「さわ」ではなく、「うるおい」という意味。「光沢」は光ってつやのあるさま。

□**合弁の「弁」**……外国資本との共同経営。この「弁」は「辧」の代用漢字で、「辧」にはあつかう、そなえるという意味がある。

□**雄飛の「雄」**……いさましく活動することで、反対語は「雌伏」。雄の鳥がおおしく飛ぶのに対して、雌の鳥はしずかに地面に伏せているという昔の考えから出た言葉。「世界に雄飛する」、「雌伏を強いられる」など。

□**拘泥の「泥」**……「泥む」で「なずむ」と読む。拘泥の「泥」はこの意味で、「拘泥」は、物事にこだわり、とらわれること。

□**師事の「事」**……「事える」で「つかえる」と読む。「師事」の「事」は、「こと」ではなく、この「つかえる」という意味。

□**陳腐の「陳」**……「陳腐」は、ありきたりでつまらないこと。「陳い」で「ふるい」と読む。

□**不肖の「肖」**……「不肖」は似ていないことで、「不肖の息子」が定番の使い方。「肖る」で「にる」と読む。

□**莫大の「莫」**……「莫かれ」で「なかれ」と読む。「莫大」は、大きくないではなく、これほど大きいものはないという意味。

□**私淑の「淑」**……この「淑」は、しとやかではなく、よいという意味で、「私淑」は「秘かに淑しとする」という意。そこから、ひそかに師と思うこと。

□**健啖の「健」**……「健か」で「したたか」と読み、「健啖」はしたたかに（大いに）食べるという意。なお「啖う」で「くう」と読む。

□**縦覧の「縦」**……自由に見ること。この「縦」は「たて」ではなく、「ほしいままにする」という意味。「新聞は自由に縦覧ください」などと使う。

□**零細の「零」**……ひじょうにこまかなこと。この「零」は、数字のゼロという意味ではなく、わずかという意。「零細企業」、「零細な知識」などと使う。

□**投機の「投」**……「機に投じる」ことで、機会につけこむという意味。「投機的な事業に手を出す」など。

□**均衡の「均」と「衡」**……つりあい。「均」にも「衡」にも、ひとしいという意味がある。「均衡がとれた状態」など。

□**租界の「租」**……外国人の管理する土地。「上海租界」など。「租」はもともと税を意味するが、「租借」にも使われるように、借用するという意味もある。なお、戦前・戦中の話によく出てくる言葉だが、同音の「疎開」と混同しないように。

□**尾行の「尾」**……あとをつけること。「尾」は動物のしっぽを意味するが、そこから、「後ろ」という意味が生じた。「追尾する」の「尾」も、後ろという意味。

□**該当の「該」**……あてはまること。「該」にも「当」と同じように「あたる」という意味がある。「該当者なし」など。漢字の順番を反対にした「当該」も、同じ意味。

□**選良の「良」**……選びだされたすぐれた（良）人物という意味。そこから、「選良」は、今は代議士を指す言葉。参議院議員には使わない。

□**委曲を尽くすの「委」**……くわしく説明すること。「委しい」で「くわしい」と読み、「委細」の「委」もこの意味。また、委曲の「曲」にも、くわしい、こまかいという意味がある。

□**憔悴の「憔」と「悴」**……ひどくやつれること。「憔れる」、「悴れる」も「やつれる」と読む。「憔悴しきった表情」など。

▼日本語はオノマトペ（擬声語・擬態語）が多い言語です。この項に集めたのは、オノマトペを「○々」式の漢字で表す言葉。読めますか？

□区々

□寸々

□点々

□温々

□粘々

□騒々

〔まちまち〕　さまざま。意見などが異なるさま。「区々な意見」など。「くく」とも読む。

〔ずたずた〕　きれぎれになるさま。「寸々に引き裂かれる」など。

〔てんてん、ぽちぽち〕　「てんてん」は、点を打ったようにものが散らばるさま。「ぽちぽち」と読むこともある。

〔ぬくぬく〕　温かいさま。不自由のないさま。「温々と育つ」など。

〔ねばねば〕　よく粘り、物につきやすいさま。「粘々食品」など。

〔ざわざわ〕　騒がしい音を表す副詞。漫画『カイジ』でおなじみの擬音。

□**轟々**

□**皺々**

□**悄々**

□**総々**

※なお、「々」は、同じ漢字や仮名を重ねるときに使う「踊り字」の一つ。カタカナの「ノ」と「マ」を組み合わせたような形なので、通称「ノマ」。ワープロソフトでも「のま」と打って変換すると現れる。

〔ごうごう〕　大きな音が轟き響くさま。「轟々と鳴り響く」、「エンジンの音、轟々と」など。

〔しわしわ〕　しわだらけのさま。「皺々のお札」など。

〔すごすご〕　気落ちして元気がないさま。「悄々と立ち去る」、「悄々と引き下がる」など。

〔ふさふさ〕　毛や髪の量が多いさま。「総々の髪」など。

▼続いて、やはり「○々」式の言葉です。読めますか？

□交々

□努々

□刻々

□然々

□度々

□千々

□等々

〔こもごも〕　かわるがわる。入りまじって。「交々発言する」、「悲喜交々」など。

〔ゆめゆめ〕　下に禁止・打ち消し表現を伴って、けっして、まったく、という意味をつくる。「努々怠るなかれ」など。

〔ぎざぎざ〕　「段々」も「だんだん」のほか、「ぎざぎざ」と読む。

〔しかじか〕　事情や理由を省略するための言葉。「斯く斯く然々」など。

〔たびたび〕　しばしば。何度も。「度々お邪魔してすみません」など。

〔ちぢ〕　（無秩序に）数が多いこと。「思い千々に乱れる」など。

〔などなど、とうとう〕　ともに「等」（など、とう）を強めていう言葉。

□**万々**

□**愈々**

□**辛々**

□**片々**

□**抑々**

□**偶々**

□**益々**

□**諸々**

〔**ばんばん**〕十分に。「万々、承知」、「万々一にも」など。

〔**いよいよ**〕よりいっそう。「雨が愈々激しさを増す」など。「愈」一字でも、「いよいよ」と読む。

〔**からがら**〕かろうじて、ようやく。「命辛辛、逃げ帰る」など。

〔**へんぺん**〕取るに足らないさま。「片々たる出来事」、「片々たる知識」など。

〔**そもそも**〕もともと。「抑」一字でも「そもそも」と読む。「抑々論」など。

〔**たまたま**〕偶然に。思いがけなく。「偶々うまくいく」など。「偶」一字でも「たまたま」と訓読みする。

〔**ますます**〕程度がよりはげしくなるさま。「風雨が益々強くなる」など。

〔**もろもろ**〕多くのもの。すべての事柄。「諸々よろしく」など。

□嬉々
□諄々
□早々
□霏々
□沸々
□縷々

〔きき〕　うれしそうなさま。「嬉々として喜ぶ」など。
〔くどくど、じゅんじゅん〕　「くどくど」と読むと、同じことをしつこく繰り返しいうさま。「じゅんじゅん」と読むと、よくわかるように丁寧に繰り返しいうさま。
〔そうそう、はやばや〕　続く助詞によって読み方が変わり、「早々に」は「そうそうに」、「早々と」は「はやばやと」と読む。ともに、普通よりも早く行うさま。
〔ひひ〕　雨や雪がしきりに降るさま。「雪が霏々と降りしきる」など。
〔ふつふつ〕　感情が少しずつ込み上げてくるさま。「怒りが沸々と湧いてくる」など。
〔るる〕　詳しく、細かく話すさま。「縷々、事情を説明する」など。

5

いつかどこかで語りたい日本語のウンチク

言葉の〝由来〟がわかると、日本語に自信が持てる

▼いろいろな言葉、なぜそう「書く」のか？　ご存じですか？

□欠伸《あくび》……どこが「伸びる」のか？

「欠」は、人が口を開けているさまを表す象形文字で、「欠」一字でも「あくび」と読む。一方、「伸」は、あくびするとき、思い切り手足を伸ばすことを表している。

□文身《ぶんしん》……これで「いれずみ」を意味するのは？

この「文」は、文様、模様という意味で、体に入れる文様という意。なお、「刺青」とも書くのは、〝青〟い色を多く使い、針で〝刺〟して色を入れるところから。

□東家《あずまや》……なぜ「東」なのか？

かつての関東地方は、京都から見れば鄙びた土地だった。そこから、簡素な家や建物を「東家」というようになった。

□頭目……なぜ「目」なのか？

体のなかでも、「目」は「頭」と同様に、重要であるところから、合わせて「かしら」という意味になった。「盗賊の頭目」など。

□復員《ふくいん》……この「復」の意味は？

兵員から、もとの状態に「復帰」することから、「復員」という。

□武弁……この「弁」の意味は？

武人、軍人のこと。「一介の武弁に過ぎない」など。「弁」には「かんむり」という訓読みがあり、「武弁」はもとは、武官の冠を表している。そこから武人を意味するようになった。

□追善《ついぜん》……亡くなっているのに、なぜ「善」？

死者の冥福を祈るため、法事を催すこと。「追善供養」、「追善興行」など。もとは、死者の冥福を祈るため、関係者が「善根」をおさめた（身を慎む）ことから、「善」の字を使う。

□母屋《おもや》……この言葉で「母」を「おも」と読むのは？

「おも」は、母の古語。朝鮮語で母を意味する「オモニ」と同根の音という見方もある。

□客気《かっき》……この「客」の意味は？

一時的に起きる勇気のこと。「客気にはやる」や「客気にまかせる」などと使う。一時的な勇気を、お客がよそからやってきて一時的にいることにたとえた言葉。

□蟄居《ちっきょ》……「蟄」って、どういう意味？

監禁の一種で、江戸時代の武士などが受けた刑。「蟄」は虫が穴に閉じこもることで、「蟄居」はその虫のように家の中に閉じこもること。

□焼夷弾《しょういだん》……この「夷」の意味は？

「夷」には「えびす」の他に、「平らげる」という意味がある。つまり、「焼夷」は物を焼いて、すべてを平らげるように消し去ってしまうこと。

□万斛《ばんこく》……「斛」って何のこと？

ひじょうに多いこと。「斛」は「石」と同じで、十斗のこと。「万斛の涙を流す」など。

□独楽《こま》……「こま」という名の由来は？

もとは「こまつぶり」と呼ばれ、「こま」は高麗、「つぶり」は円いもののことで、朝鮮半島から伝わった円い遊び道具という意。それが略されて「こま」となり、「独楽」と漢字を当てるようになった。

□胡椒《こしょう》……「胡」の字を使うのは？

かつて、中国人は、中央アジアのことを「胡」と呼び、その方面から伝わったものに「胡」の字を冠した。それが「胡椒」や「胡麻《ごま》」、「胡桃《くるみ》」など。「胡座《あぐら》」も外国の風習だったことを表している。

□**公孫樹《いちょう》……「孫」が出てくるのは？**

「いちょう」の実は成長が遅いので、孫の代になって、ようやく実を食べられるようになることから、「公孫樹」と名付けられたという。

□**巴旦杏《はたんきょう》……「巴旦」って何のこと？**

アーモンドのこと。「巴旦」は、もとは西アジアの地名で、西アジアから中国に伝わったことから、この名になった。

□**鶴唳《かくれい》……「唳」って、何のこと？**

「鶴唳」は、鶴のなく声。「唳」を「涙《るい》」と混同しないように。「風声鶴唳」は、風の音や鶴の声を敵兵の立てる音と思い、おじけるさま。

□**犀利《さいり》……なぜ「犀」が出てくる？**

頭脳や感覚などが鋭いさま。「犀《サイ》」の角のように利《するど》いという意味。

□孑孒《ぼうふら》……これで「ぼうふら」を意味するのは？

「孑孒」には短い、小さいという意味がある。一方、「ぼうふら」という音は、棒を振るように体をくねらせることから、ぼうふり虫↓ぼうふらと変化した。

□烏有《うゆう》……なぜ烏が出てくるのか？

「烏有」は、何もないさま。漢文では「烏《いずくん》ぞ有らんや」と読み、どうして有るだろうか↓何もないという意味。「烏有に帰す」などと使う。

□横溢……なぜ「横」なのか？

あふれんばかりのさま。この「横」には、みなぎるという意がある。「溢れる」で「あふれる」と読む。

□柳営《りゅうえい》……これで幕府という意味になるのは？

漢の将軍、周亜夫が細柳という場所に陣を敷いたという故事から、この言葉が生まれた。日本では、将軍、将軍家、あるいは幕府という意味に使われてきた。

□**寸楮《すんちょ》……これで、短い手紙という意味になるのは？**

自分の短い手紙をへりくだっていう言葉。「楮」はコウゾの木のことで、紙の原料になったことから。

□**旧臘……これで「去年の暮れ」という意味になるのは？**

年賀状に「旧臘中はお世話になりました」などと書くが、この「臘」は、もとは冬至のあとに猟の獲物を供えて、先祖をまつる祭りのこと。そこから、年の暮れを意味するように。「客臘」も同じ意味。臘月は十二月のこと。蝋燭の「蝋」とは違う漢字。

▼人を表す言葉、なぜそう「書く」のか？　ご存じですか？

□**婿《むこ》……男性なのに、なぜ女偏？**

「婿」は「壻」の俗字で、「壻」の偏は、男性を表している。

□**乙女……甲乙の「乙」が使われるのは？**

「乙」は年下の者を表し、「乙女」は年若い娘のこと。

□伯父、叔父……「伯」と「叔」の意味は？

「伯父」は父母の兄、「叔父」は父母の弟のこと。「伯」にはかしらや族長、「叔」には若い、弟という意味がある。

□半玉《はんぎょく》……なぜ「半」なのか？

見習い芸者のこと。花柳界では、揚げ代のことを「玉代」、略して「玉」という。見習いのうちは、芸者の半分しか玉（揚げ代）をとれないことから、「半玉」と呼ばれるようになった。

□猊下《げいか》……「猊」って何のこと？

高僧に対する敬称。「猊」はライオンのことで、高僧の説法をライオンの声にたとえた表現。

□掏摸……これで「すり」を意味するのは？

「掏」にはえらぶ、「摸」には手で探るという意味がある。一方、「すり」という音は、体をすりつけるようにして盗むことから。

□**緑林《りょくりん》……これで「泥棒」という意味になるのは？**
前漢の末期、盗賊団が今の湖南省の緑林山という山を根城にしていた。そこから、「緑林」は泥棒の異名になった。

□**丁稚……この「丁」には、どんな意味がある？**
「丁」は召使、「稚」はおさないという意味で、「丁稚」は商家に奉公する少年のこと。「でっち」という音は、弟子がなまったという説が有力。

▼「生き物」の名の語源をご存じですか？

□**狸**……その毛皮で「手貫」（たぬき、籠手の類）をつくったことから。また、仮死状態になるところから、「魂抜き」↓「タヌキ」になったという説もある。

□**鼠**……物を盗むので、「ぬすみ」↓「ネズミ」になったという説がある。

□**アヒル**……「足広《あしひろ》」↓「あひろ」↓「あひる」となったという説が有力。

□**キビナゴ**……鹿児島方言で帯を「キビ」といい、体の縦じまを縞帯にたとえたのが名の由来。漢字では「黍魚子」と書く。

□**マンボウ**……体が丸いところから、「丸坊」が語源とみられる。漢字では「翻車魚」と書く。「翻車」は水をくみ上げる機械で、それと形が似ているところから。

□**シャコ貝**……殻の表面の溝を車の轍（車渠）に見立てた名とみられる。「渠」には「みぞ」という訓読みがある。

□**木葉木菟《このはずく》**……枯れ葉の色に似ているので、「木葉」と冠されたとみられる。「ずく」はミミズクの略。

□**鶫《つぐみ》**……夏至の頃、ぴたりと鳴き止むところから、「(口を) 噤む」がその名の由来だという。

▼「草木」の名の語源をご存じですか?

□**南天**……漢名は南天竹《なんてんちく》、あるいは南天竺。一説には、インドから中国にもたらされたからだという。

□**蘇鉄**……枯れそうになった際、幹に「鉄」を打ち込むと元気が「蘇る」といわれることから。

□**枳殻**《からたち》……「唐橘」の略で、中国から渡来した橘という意味。

□**樒**《しきみ》……果実に毒があるので、「悪しき実」→「しきみ」になったという。

□**月見草**……夏場、夕方以降に花が咲き、朝にはしぼむので、〝まるで月見をしているような草である〟と、この名がついたという。

□**野沢菜**……長野県の特産。野沢温泉で初めて栽培されたので、この名に。

□**鬱金**《うこん》……「鬱」には、内にこもるという意味がある。この草を酒の中に入れると、香りがこもり、色が黄金色になることがこの名の由来。

□**千振**《せんぶり》……健胃薬に用いる。千回振りだしてもまだ苦いところから、この名になった。

その言葉の「違い」はどこにあるのか

▼同音の言葉、そっくりの言葉、「違い」がわかりますか？

□**藹々**《あいあい》**と靄々**《あいあい》……「藹々」は、打ちとけて和やかなさまで、「和気藹々」などと使う。一方、「靄々」はまったく意味の違う言葉で、雲や霞がたなびくさまを表す。「靄」は

「もや」と訓読みする。

□**愛唱歌と哀傷歌**……「愛唱歌」は好んで歌う歌。「哀傷歌」は人の死を悼む歌で、古今集以後の部立《ぶだて》（分類のこと）のひとつ。

□**唯々と易々**……「唯々」は、逆らわずに従うさま。「唯々諾々」など。「易々」はたやすいさまで、「易々たる業務」など。

□**開帳と開張**……「開帳」は「帳《とばり》を開く」という意味で、寺院でふだん公開しない仏像などを拝観させること。また「賭場を開帳する」などとも使うが、法律用語としては「開張」を用いる。「賭博開張図利罪」など。

□**感嘆詞と感嘆符**……「感嘆詞」は品詞のひとつで、「ああ」や「おい」などのこと。一方、「感嘆符」は「！」、いわゆるビックリマークのこと。

□**貴婦人と貴夫人**……「貴婦人」は、自分自身が身分の高い女性。「貴夫人」も身分の高い女性という意味だが、身分の高い夫をもつというニュアンスが加わる場合もある。

□**陽炎と蜉蝣**……「陽炎」は春、地表近くの空気が揺れ動いて見える現象。一方、「蜉蝣」は、カゲロウ目の昆虫の総称。短命なことから、はかないことのシンボル。

□**黍団子と吉備団子**……「黍団子」は、黍の実の粉から作る団子。一方、「吉備団子」は岡山の名菓で、求肥《ぎゅうひ》をこね、砂糖をまぶしてつくる団子。

□**菊花賞と菊花章**……「賞」と「章」の違いで、意味がまったく変わってくるので注意。「菊花賞」は競馬のクラシックレース、三冠のひとつ。一方、「菊花章」は最高位の勲章。「菊花大授章」などを指す。

□**工程表と行程表**……「工程表」は、工場などで、作業の順序を記した表。一方、「行程表」は、目的地までの道のり、日程を示した表。英語でいえば、「ロードマップ」のこと。

□**桟敷と座敷**……「桟敷」は芝居小屋などの見物席のことで、「桟敷席」、「天井桟敷」などと使う。一方、「座敷」は畳を敷きつめた部屋のこと。

□**少数と小数**……「少数」は、数がわずかしかないことで、「少数意見」、「少数派」など。一方、「小数」は、数学で絶対値が1より小さい実数。「小数点以下」、「循環小数」など。

□**専有と占有**……「専有」は、自分がひとりじめにすることで、「共有」の対義語。一方、「占有」は、物を所持することで、「占有権」、「市場占有率」など。なお、「専有面積」は、パソコンなどで続けて打っても「占有面積」と出ることがあるので注意。

□**装幀と装丁**……本来は、「装幀」と書き、「そうとう」と読むが、「そうてい」と誤って読むうち、「装丁」の字が当てられるようになった言葉。

□**知恵と智慧**……「知恵」は、物事を正しく知り、判断する力。一方、「智慧」は仏教語として使う場合の書き方で、煩悩を消し、真理を悟る心の働き。

□**帳合《ちょうあい》と丁合《ちょうあい》**……「帳合」は会計用語で、帳簿の数字と現金などを照合すること。一方、「丁合」は製本用語で、折丁《おりちょう》をページ順に並べる作業。なお、折丁は、印刷された紙をページ順になるように折ったもの。

□**名古屋帯と名護屋帯**……「名古屋帯」は女帯のひとつで、大正初期に名古屋で考案された帯。一方、「名護屋帯」と書くと、室町時代から江戸初期にかけて使われた帯を指す。

□**名代と名題**……「名代」は、評判が高いことで、「名代の蕎麦」など。一方、「名題」は、歌舞伎や浄瑠璃の題名、外題のこと。「名題役者」、「名題看板」などと使う。

□**仁王と二王**……「仁王」は、寺院山門の両脇に安置した一対の金剛力士像。「二王」は、同じ意味にも用いられるが、中国の書の大家、王羲之、王献之の二人を指すこともある。

□**符号と符合**……「符号」はしるしや記号。一方、「符合」は二つ以上のものがぴったり合うこと。「事実と符合する」など。

□**芬々《ふんぷん》と紛々《ふんぷん》**……「芬々」は、香りの高いさまで、「芬々たる花の香」などと使う。一方、「紛々」は、まとまらず、入り乱れているさまで、「諸説紛々」などと使う。

□**法王と法皇**……「法王」はローマカトリック教会の最高職。今は「教皇」を使うのが一般的。一方、「法皇」は仏門に帰依した上皇。

□**報奨金と報償金**……「報奨金」は、いいことをほめ、励ます金。一方、「報償金」は受けた損害を埋め合わせるための金。

□**真面《まとも》と真艫《まとも》**……「真面」は、正面で向き合うこと。一方、「真艫」は、船の艫《とも》（船尾）の方向のこと。だから、「真面に吹きつける風」は逆風を意味するが、「真艫の風」は、後方からの順風を意味する。

□**豹《ひょう》と豺《さい》**……「豹」と「豺」は違う漢字なので注意。「豹」はひょう、「豺」はやまいぬのこと。「豺狼《さいろう》のような」といえば、残酷で貪欲なことのたとえ。また、「豺虎《さいこ》」は悪逆な者のたとえ。

□**付則と附則**……「付則」は、本則を補うために付け加えられた規則。一方、「附則」は、法令で使う言葉で、法令で付随的な事項を定めた部分を指す。なお、この国には、「憲法に登場する漢字は常用漢字とする」というルールがあり、憲法条文に「附する」という語があるため、「附」も常用漢字。

□**副書と副署**……「副書」は原本の写し。一方、「副署」は主たる人の署名の横に、他の人が名を副《そ》えること。

□**六玉川と武玉川**……「六玉川」は、清元の曲名。一方、「武玉川」は、江戸時代の俳諧本。

□**余熱と予熱**……「余熱」は冷めきらないで残っている熱。「余熱で火を通す」など。一方、「予熱」は、エンジンなどをあらかじめ温めておくこと。

□**余禄と余録**……「余禄」は、余分の所得という意。一方「余録」は、正式には記載されなかった記録。毎日新聞一面下のコラムは『余録』。

□**歴々と瀝々**……「歴々」にはふたつの意味があり、ひとつははっきりしていることで、「歴々たる事実」など。また、身分や地位の高いことも意味し、「お歴々」など。一方、「瀝々」は、水などの流れる音を表す語。「瀝」には「したたる」という訓読みがある。

▼混同しやすい「地名」です。区別がつきますか?

□**壱岐と隠岐**……「壱岐」(正式には、壱岐島)は、対馬の近く、九州と朝鮮半島の間に浮かぶ島。長崎県に属する。一方、「隠岐」(正式には、隠岐島)は、中国地方の沖合にある島。島根県に属する。

□沖ノ島と沖ノ鳥島……一字違いで、まったく違う海域にある島。「沖ノ島」は福岡県の北、玄界灘に浮かぶ島で、全島が神域であることで有名。一方、「沖ノ鳥島」は小笠原諸島に属する日本最南端の島。経済水域を確保するため、コンクリートで固めてある環礁。

□佐多岬《さたみさき》と佐田岬《さだみさき》……「佐多岬」は、鹿児島県大隅半島にある九州最南端の岬。一方、「佐田岬」は四国の北西端に突き出した岬で、愛媛県に属する。清音で読むか、濁音で読むかにも注意。

□槍ケ岳《やりがたけ》と鑓ケ岳《やりがたけ》……「槍ケ岳」は、長野・岐阜県の境にそびえる北アルプスを代表する山。標高3180メートル。一方、「鑓ケ岳」は同じ北アルプスの山ではあるが、長野・富山県境にある山。こちらは、標高2903メートル。

□華北と河北……「華北」は、中国北部の広い部分を指す言葉。一方、「河北」と書くと、「河北省」のことで、華北地方にあるひとつの省の名前。

このポイントが、言葉を知っているかどうかの分かれ道

▼いろいろなものを最もふさわしい「単位」(数詞)で数えられますか?

□**ウサギ**……ウサギは古来「匹」ではなく、「羽《は》」で数えられてきた。その理由は、「味が鳥肉に近いことから」や「長い耳を鳥の羽に見立てた」などといわれる。

□**イカ・タコ**……「杯《はい》」で数える。ともに丸みを帯びた器のような形をしているところから、器を数える「杯」と同じ数え方となった。

□**豆腐**……「丁《ちょう》」が基本だが、今は「パック」でも数える。

□**寿司の折り詰め**……折り詰めの寿司を数えるときは、「一箱、二箱」ではなく、「一折、二折」と数えたいもの。

□**握りずし**……「貫《かん》」。すし店では、二貫で一注文が常識とされる。

□**鏡餅**……普通の餅は「枚」で数えるが、鏡餅は「重ね」で数える。重ねてあるから「一重ね、二重ね」というわけ。

□**羊羹**……切る前の状態は「棹《さお》」で数える。「棹」は細長い形のものを数える単位。切ったあとは「一切れ、二切れ」と数えるのがふさわしい。

□**お碗**……一つ、二つではなく、「一客、二客」と数えたいもの。とりわけ、高級な食器や茶器は「客」で数えたい。

□**和歌・俳句**……和歌は「一首、二首」と「首」で数え、俳句は「一句、二句」と「句」で数える。

□**椅子**……椅子、机は「一脚、二脚」と数える。

□**箪笥**……「棹」か「竿」で数える。昔は、箪笥を「竿」で担いで、運んだことから。

□**三味線**……「棹」か「挺《ちょう》」で数える。三味線の柄の部分を「棹」と呼ぶところから「一棹、二棹」。あるいは、棹が細長いところから、細長いものを数える「一挺、二挺」で数える。

□**提灯**……「張《は》り」か「張《ちょう》」で数える。紙を張った照明具であるところから。「行灯」も「張り」か「張」で数える。

□**仏像**……「体」で数える。古くは「尊《そん》」でも数えた。

□**船**……大型船は「隻」、小型船は「艘」で数える。さらに小さいボートやヨットは「艇」で数える。

▼こんなものの「単位」もご存じですか？

□蚊帳　一張（はり、ちょう）
□テント　一張（はり、ちょう）
□駕籠　一挺（ちょう）
□墨　一挺（ちょう）
□鏡　一面（めん）
□硯　一面（めん）
□墓石　一基（き）
□灯籠　一基（き）
□神　一柱（はしら）
□魂　一柱（はしら）
□筏　一枚（まい）
□掛軸　一幅（ふく）

……………………

□兜　一刎（はね）
□袈裟　一領（りょう）
□地蔵　一尊（そん）
□食器　一客（きゃく）
□大砲　一門（もん）
□蝶　一頭（とう）
□海苔　一帖（じょう）
□箸　一膳（ぜん）、一揃い（そろい）
□花　一輪（りん）
□花びら　一片（ひら、へん）
□半紙　一帖（じょう）
□葡萄　一房（ふさ）

▼ちょっと難しい「部首」の名前です。昔、習ったはずですが、覚えていますか？

□欠《あくび》……次、欧、欲、飲、歌、歓など。

□頁《おおがい》……頂、項、須、順、頑、頭、顔など。

□斤《おのづくり》……折、所、斧、斬、断、新など。

□貝《かいへん》……財、賂、賭、貨、貫、貸など。

□冂《けいがまえ／まきがまえ》……内、冊、再、周、岡など。

□彡《さんづくり》……形、彩、彫、澎、彰、影など。

□尸《しかばねかんむり》……尺、尻、局、尾、居、屋など。

□月《にくづき》……肌、肝、肺、肪、胸、腹など。

□儿《にんにょう》……光、充、先、兆、党、競など。

□禾《のぎへん》……利、私、和、科、秘、種など。

□卩《ふしづくり》……卯、叩、印、却、即、卸など。

□隹《ふるとり》……集、雅、雑、難、離など。

□攵《ぼくにょう》……改、攻、政、牧、放、教など。

□殳《ほこづくり／るまた》……殴、段、殿、殺、殻、設など。

□刀《かたな》……刃、切、劫、初、券、削など。

6

好感度が一気にアップする季節の日本語

「風」「雨」「雪」の日本語を知っていますか

▼日本は、四季に恵まれた国。私たちの祖先は、移ろいゆく風物を豊かな表現力で言い表してきました。まずは、いろいろな「風」の名前から。どんな吹き方か、イメージできますか？

〔春の風〕

□東風

□油風

□花信風

〔こち〕　春に東から吹く風。春、冬型の西高東低の気圧配置がくずれて、太平洋から大陸方向へ吹きはじめる風。

〔あぶらかぜ〕　４月頃、南から吹く穏やかな風。

〔かしんふう〕　春、花の開花を知らせるかのような風。

□黒北風
〔くろぎた〕　3月、やや暖かくなってから、低気圧の影響で吹き荒れる北西からの強風。雪まじりの北風。なお、「春一番」は春の訪れを感じさせる風。「黒北風」は春はまだまだという風。

□木の芽風
〔このめかぜ〕　木の芽を吹き出させるような春の風。

□花嵐
〔はなあらし〕　桜の花の盛りの頃に吹く強風。

□春疾風
〔はるはやて〕　春に吹く強風。冬型の安定的な気圧配置が崩れ、春の初め、荒れ模様の天気が多くなるときに吹く風。

〔夏の風〕

□青嵐
〔あおあらし〕　5～7月、青葉の季節に吹く爽快な強風。おもに南風。

□若葉風
〔わかばかぜ〕　若葉の頃に吹くさわやかな風。

□黒南風
〔くろはえ〕　梅雨どきに吹く南風。

□白南風
〔しろはえ〕　梅雨明け後に吹くさわやかな南東の夏風。「しらはえ」

□薫風

□黄雀風

□土用東風

□盆東風

□土用凪

〔秋の風〕

□色なき風

□金風

□初嵐

とも。

〔くんぷう〕　初夏、新緑の間を吹き抜けてくる薫るような風。

〔こうじゃくふう〕　陰暦5月に吹く東南の風。この風が吹く頃、海魚が黄雀に変わるという中国の言い伝えによる名。

〔どようこち〕　土用（小暑から立秋まで）の頃に吹く東風。

〔ぼんごち〕　夏の終わりに吹く東風。暴風雨の前兆といわれる。

〔どようなぎ〕　土用の頃に風がやむ現象。

〔いろなきかぜ〕　秋の風。色なきは華やかではないという意味で、秋の寂しさを表している。

〔きんぷう〕　秋の風。五行説で、秋が金にあたることから。

〔はつあらし〕　秋の初めに吹く強い風。台風シーズンに入る頃の強風。

□鮭颪〔さけおろし〕 秋、鮭が川を遡上する時期に吹く暴風。

〔冬の風〕

□陰風〔いんぷう〕 陰気で不気味な冬の風。

□朔風〔さくふう〕 冬の北風。「朔」には、北の方角という意味がある。

□浚いの風〔さらいのかぜ〕 降り積もった雪などを浚っていくように吹く風。

□初東風〔はつこち〕 元旦、初めて吹く東風。「東風」には、春の到来を告げるという意味がある。

▼続いて、いろいろな季節の「雨」です。どんな「雨」か、わかりますか？

〔春の雨〕

□春雨〔はるさめ〕 春にしとしとと降り続く雨。

□春時雨
〔はるしぐれ〕 雷を伴うこともあるやや強い雨。「春雷」は、そうしたときに鳴る雷。

□菜種梅雨
〔なたねづゆ〕 菜の花が咲く3月から4月にかけて降る長雨。「梅雨」は夏の季語だが、「菜種梅雨」は春の季語。

□春霖
〔しゅんりん〕 「菜種梅雨」と同じく、3月から4月にかけて降る長雨。「霖」には「ながあめ」という訓読みがある。

□雪解雨
〔ゆきげあめ〕 雪を解かすように降る春の雨。

□催花雨
〔さいかう〕 花を咲かせるように降る雨。

□花散らしの雨
〔はなちらしのあめ〕 桜の花を散らすように降る雨。

〔夏の雨〕

□虎が雨
〔とらがあめ〕 陰暦5月28日に降る雨。『曽我物語』の曽我十郎はこの日、父の仇討ちを果たすものの、討ち死にする。十郎の愛人の

□**麦雨**

□**墜栗花**

□**神立**

□**走り梅雨**

□**青梅雨**

□**暴れ梅雨**

□**送り梅雨**

□**返り梅雨**

遊女「虎御前が涙雨を流した」ということから、この名がついた。

〔**ばくう**〕　麦が熟す頃に降る雨。

〔**ついり**〕　栗の花が散る頃に降る雨。梅雨入りの雨。

〔**かんだち**〕　雷のこと。雷雨や夕立も意味する。神様が何かを伝えようとしていると見立てた言葉。

〔**はしりづゆ**〕　梅雨入り前、梅雨のように雨が降ること。

〔**あおつゆ**〕　新緑に降りかかる梅雨。青葉が雨に濡れると、その色がさらに濃くなったように見えることから。

〔**あばれづゆ**〕　梅雨の終わり頃に降る猛烈な雨。

〔**おくりづゆ**〕　「暴れ梅雨」と同じく、梅雨明けの頃に降る強雨。「梅雨を追い払うほどの強い雨」ということから、この名がついた。

〔**かえりづゆ**〕　梅雨明け後に、再び雨が降り続くこと。「戻り梅雨」、「残り梅雨」ともいう。

□梅雨晴

〔つゆばれ〕　梅雨どきの晴れ間。

〔秋の雨〕

□白驟雨

〔はくしゅうう〕　秋に降る激しい雨のこと。

□時雨

〔しぐれ〕　本来は、秋から冬にかけて、降ったりやんだりする雨のこと。

〔冬の雨〕

□寒の雨

〔かんのあめ〕　寒中（1月4日頃から2月4日頃まで）に降る冷たい雨。とくに、寒入り後、9日目の雨を「寒九《かんく》の雨」という。

□凍雨

〔とうう〕　凍るように冷たい雨。

□鬼洗い

〔おにあらい〕　大晦日に降る雨。この名は、「追儺《ついな》」の行事に由来するという説がある。

▼いろいろな「雪」の名前です。どんな「雪」か、イメージできますか？

□**風花**　〔**かざはな**〕　すでに積もった雪が、風で舞上げられる現象。あるいは、晴天のときに降る雪。

□**小米雪**　〔**こごめゆき**〕　米の粉のように、さらさらした雪。パウダースノー。

□**灰雪**　〔**はいゆき**〕　灰が降っているかのように、ひらひら落ちてくる雪。

□**宿雪**　〔**しゅくせつ**〕　解けずに残っている雪。「根雪《ねゆき》」のこと。

□**衾雪**　〔**ふすまゆき**〕　一面に降り積もった雪。

□**深雪**　〔**みゆき**〕　深く降り積もった雪。

□**友待つ雪**　〔**ともまつゆき**〕　まるで友だちを待つかのように、次の雪が降るまで残っている雪。

□**早雪**　〔**そうせつ**〕　例年の初雪よりも早い時期に降る雪。

□三白
□瑞雪
□暮雪
□不香の花
□残雪
□忘れ雪
□霧氷

〔さんぱく〕　正月の三が日に降る雪。

〔ずいせつ〕　めでたい感じのする雪。

〔ぼせつ〕　夕暮れに降る雪。

〔ふきょうのはな〕　雪を香りのない花に見立てた雅語。

〔ざんせつ〕　春になっても消えずに残っている雪。「去年《こぞ》の雪」や「陰雪《かげゆき》」も同じもの。

〔わすれゆき〕　その冬の最後に降る雪。「雪」とつくが、春の季語。「雪の果て」、「雪の別れ」、「雪消《ゆきけ》し雪《ゆき》」、「終雪《しゅうせつ》」ともいう。

〔むひょう〕　木の枝などに、水蒸気が凍結してできる氷。

日本人なら覚えておきたい「季語」の読み方

▼日本人なら読みこなしたい難読の「季語」です。読めますか？　意味がわかりますか？

まずは難読の「春」の季語です。読めますか？

□**修二会**

〔しゅにえ〕　3月初め、寺院で行われる法会《ほうえ》。奈良の東大寺の「お水取」は、これにあたる。

□**彼岸会**

〔ひがんえ〕　お彼岸に行う仏事。

□**仏生会**

〔ぶっしょうえ〕　4月8日、お釈迦様の誕生日を祝う法会。「灌仏《かんぶつ》会《え》」、「花祭」のこと。

□薄氷　〔うすらひ、うすごおり〕　春先、ごく薄く張る氷。

□花衣　〔はなごろも〕　花見に着る晴れ着。華やかな衣装。×はなぎぬ。

□玄鳥　〔つばめ〕　春に飛んでくる鳥。「燕」とも書く。

□土筆　〔つくし〕　春、野原に生える筆のような形のスギナの胞子茎。

□和布　〔わかめ〕　2〜3月に刈りはじめることから、春の季語。

□躑躅　〔つつじ〕　晩春から初夏にかけて咲く花。

□辛夷　〔こぶし〕　モクレン科の落葉高木。「木筆」とも書く。

□籾蒔く　〔もみまく〕　種籾を苗代に蒔くこと。晩春の風景。

続いて、難読の「夏」の季語です。読めますか？

□黴雨　〔ばいう〕　つゆのこと。黴《かび》が発生しやすい季節なので「黴雨」と書く。むろん、「梅雨」とも書く。

□夕涼
□秋隣
□単衣
□古茶
□渡御
□初松魚
□夏越の祓
□四万六千日

〔ゆうすず〕　季語としては、「夕涼」は「ゆうすず」、「夕涼み」は「ゆうすずみ」と読む。
〔あきどなり〕　秋が近づくのを感じる晩夏。「あきどなり」と濁音で読む。
〔ひとえ〕　裏のない夏用の着物。「単物」も同じ意味で「ひとえもの」と読む。
〔こちゃ〕　去年以前に製茶した茶。「新茶」の対義語。
〔とぎょ〕　祭礼（おおむね夏祭り）で、神輿が神社を出発すること。
〔はつがつお〕　初夏にとれる走りのカツオ。「初鰹」とも書く。
〔なごしのはらえ〕　６月晦日に行われる祓の行事。参拝者が茅《ち》の輪をくぐることが多い。
〔しまんろくせんにち〕　この日に参詣すると、四万六千日参拝したのと同じ功徳《くどく》があるとされる日。浅草の浅草寺では、この日、「鬼《ほお》灯市《ずきいち》」が開かれる。

「秋」の季語です。読みこなしてください

□秋夕

□身に入む

□冷まじ

□秋闌

□秋黴雨

□今年米

□重九

□在祭

〔しゅうせき〕　秋の夕べ。「夕」の訓読みは「ゆう」、音読みは「せき」。

〔みにしむ〕　秋の気配を身にしみとおるように感じるさま。普通は「身に沁む」と書くが、季語では「身に入む」とも書く。

〔すさまじ〕　晩秋の冷え冷えとした雰囲気。「荒《すさ》ぶ」から出た言葉。

〔あきたけなわ〕　秋がいよいよ深まった感じ。

〔あきついり〕　秋の長雨。もの寂しさを表す季語。

〔ことしまい〕　その秋に収穫した新米のこと。

〔ちょうきゅう〕　九月九日の重陽の節句。日付に九の字が重なることから。

〔ざいまつり〕　秋、里で行われる祭り。村祭り、里祭りのこと。

□施餓鬼
〔せがき〕　死者の霊に食べ物を施す法会。

□魂祭
〔たままつり〕　陰暦7月、お盆に先祖の霊を迎えて祭ること。「魂《たま》迎《むか》え」は、お盆の始まりに先祖の霊を迎える火。霊を送るのは「魂送り」。

□解夏
〔げげ〕　旧暦7月15日に、「夏安居《げあんご》」(僧が一定期間一か所で修行すること)を終えること。

□獺祭忌
〔だっさいき〕　正岡子規の忌日。9月19日。

□望の夜
〔もちのよ〕　陰暦8月15日の月夜。

「冬」の季語です。正しく読めますか？　意味がわかりますか？

□日短
〔ひみじか〕　冬の日の短いさま。「短日《たんじつ》」も同じ意味。

□夜半の冬
〔よわのふゆ〕　寒さの厳しい冬の夜。

□冬麗
〔ふゆうらら〕　冬のよく晴れた穏やかな日。

□大北風
□小夜時雨
□濃霜
□凍鶴
□根深
□孟冬
□九冬
□山鯨鍋
□凍蝶
□緋寒桜

〔おおきた〕　冬に吹く強い北風。
〔さよしぐれ〕　冬の初めに降る通り雨。
〔こしも〕　冬場、霜がびっしりと降りているさま。
〔いてづる〕　凍ったように動かない鶴。
〔ねぶか〕　葱《ねぎ》のこと。
〔もうとう〕　冬の初め。「孟」には初めという意味がある。
〔きゅうとう〕　12、1、2月の冬場の90日間。
〔やまくじらなべ〕　猪鍋、牡丹鍋のこと。
〔いてちょう〕　寒さのあまり、動かない蝶。凍蜂は「いてばち」、凍蠅は「いてはえ」と読む。
〔ひかんざくら〕　11～1月頃に咲く桜。

「新年」の季語です。読みこなしてください

- □**明の春**
- □**注連の内**
- □**松七日**
- □**望正月**
- □**破魔弓**
- □**四方拝**
- □**淑気**
- □**初護摩**
- □**左義長**

〔あけのはる〕　一年の初め。新春。

〔しめのうち〕　正月、注連飾《しめかざ》りのある間。「松の内」と同じ意味。

〔まつなぬか〕　同じく、松飾りのある元日からの7日間。

〔もちしょうがつ〕　1月14～16日の小正月《こしょうがつ》のこと。

〔はまゆみ〕　魔を祓《はら》い除くという弓。破魔矢はむろん「はまや」と読む。

〔しほうはい〕　元日に行われる宮中行事。

〔しゅくき〕　天地に溢れているめでたい気配。「淑気満つ」など。

〔はつごま〕　新年初めて焚く護摩。

〔さぎちょう〕　正月15日頃に行われる火祭り。松飾りなどを焼く。

▼手紙文などに使う「〇〇の候」をまとめてみました。使いこなせますか？

〔4月〕陽春の候、桜花の候、春暖の候、惜春の候、軽暖の候、麗春の候、仲春の候、温暖の候、温和の候。

〔5月〕新緑の候、薫風の候、立夏の候、晩春の候、暮春の候、軽暑の候、若葉の候、惜春の候。

〔6月〕初夏の候、梅雨の候、入梅の候、紫陽花の候、向暑の候、孟夏の候、向夏の候、短夜の候、薄暑の候、麦秋の候。

〔7月〕盛夏の候、猛暑の候、大暑の候、炎暑の候、極暑の候、炎熱の候、仲夏の候、真夏の候、灼熱の候、酷暑の候、甚暑の候。

〔8月〕残暑の候、秋暑の候、晩夏の候、処暑の候、残夏の候、暮夏の候。

〔9月〕初秋の候、野分の候、白露の候、秋分の候、秋桜の候、新涼の候、清涼の候、

爽秋の候、仲秋の候、新秋の候、夜長の候。

〔10月〕秋冷の候、菊花の候、霜降の候、仲秋の候、灯火親しむ候、紅葉の候、秋雨の候、寒露の候、初霜の候、菊薫るの候、秋たけなわの候、小春の候。

〔11月〕晩秋の候、向寒の候、立冬の候、深秋の候、秋冷の候、冷雨の候、暮秋の候、露寒の候、落葉の候。

〔12月〕初冬の候、師走の候、歳末の候、大雪の候、寒冷の候、孟冬の候。

〔1月〕厳寒の候、初春の候、新春の候、小寒の候、大寒の候、頌春の候、厳冬の候、寒冷の候、麗春の候、酷寒の候。

〔2月〕余寒の候、立春の候、春寒の候、節分の候、春浅の候、梅花の候、向春の候。

〔3月〕早春の候、春暖の候、浅春の候、陽花の候、軽暖の候、春雨降りやまぬ候。

7

やってはいけない「固有名詞」の読み間違い・書き間違い

地名、神社・仏閣、大学名……この読み間違いはNG

▼「固有名詞」を読み間違えたり、書き間違えたりするほど、失礼なことはありません。まずは、「読み間違いやすい地名」から。正しく読めますか？

□**京都市中京区**

〔なかぎょうく〕 京都市の区。二条城や本能寺がある。「ちゅうきょうく」ではない。

□**観音寺市**

〔かんおんじし〕 香川県西部の市。なお、同市内にある四国八十八箇所の「観音寺」の読み方は「かんのんじ」。

□**韓国岳**

〔からくにだけ〕 鹿児島、宮崎の両県にまたがる霧島火山帯の最

□**渡島半島**

□**愛鷹山**

□**十国峠**

□**来島海峡**

□**筑紫野市**

高峰。標高１７００メートル。山頂から、韓《から》の国が見渡せるほどの高峰というところから付けられた名前。「かんこくだけ」は×。

〔おしまはんとう〕　北海道の南西部に突き出した半島。函館市などがある。「としま」は誤読。

〔あしたかやま〕　静岡県の山。一説に、一富士二鷹三茄子の「鷹」は、この山のことだという。「あいたかやま」と読んではいけない。

〔じっこくとうげ〕　静岡県東部の峠。伊豆、相模はもちろん、遠く上総《かずさ》、下総《しもうさ》に至るまで、合わせて十か国を見渡せることから、この名に。×じゅっこく。

〔くるしまかいきょう〕　瀬戸内海の中部にある海峡。一日に１５００隻もが航行する重要航路。なお、名前のもとになった「来島《くるしま》」は今治市の沖に浮かぶ小島。

〔ちくしのし〕　「筑紫」を「ちくし」と読むか、「つくし」と読むかは、一つずつ覚えるしかない。たとえば、筑紫平野、筑紫二郎（筑後川のこと）は「つくし」と読む。

□東名阪道路

〔ひがしめいはんどうろ〕　亀山と名古屋を結ぶ高速道路。また、「西名阪道路」（天理〜松原）は「にしめいはんどうろ」と読む。

□外蒙古

〔がいもうこ〕　モンゴルのゴビ砂漠よりも北の地を指す。「そともうこ」とも読まれるが、広辞苑などの辞書は「がいもうこ」を見出し語にしている。「内蒙古」は「ないもうこ」。

□南沙群島

〔なんさぐんとう〕　南シナ海南部に位置する諸島。中国とフィリピンなどで領有権問題が生じている。

▼固有名詞は「濁るか、濁らないか」まで、正確に読みたいもの。濁音か清音か、そこに注意して読んでください。

□港区白金

〔しろかね〕　東京都港区の高級住宅街。一時流行した「シロガネーゼ」は「ガ」と濁るのだが、正式の地名は、濁らずに「しろかね」

□牡鹿半島

□滑川

□秋川渓谷

□金華山

□白神山地

と読む。

〔おしかはんとう〕　宮城県東部、太平洋に突き出した半島。濁らずに「おしか」と読む。

〔なめりかわ〕　富山県中部の市。「川」を「かわ」と読むか、「がわ」と読むかは、なかなか面倒な問題。これは濁らずに読む。×なめりがわ。

〔あきがわけいこく〕　東京都西部の渓谷。これは濁音で「がわ」と読む。×あきかわけいこく。

〔きんかさん〕　宮城県牡鹿半島の先端にある島の名。「山」を「さん」と読むか、「ざん」と読むかも厄介な問題で、これは濁らずに読む。

〔しらかみさんち〕　青森県と秋田県の境にある産地。世界自然遺産。「神」を濁らずに「かみ」と読む。

□曼殊院

〔まんしゅいん〕　京都市左京区にある天台宗の門跡寺。「まんしゅいん」と濁らずに読む。曼珠沙華の「まんじゅ」とは書き方が違うことにも注意。

□江の川

〔ごうのかわ〕　中国地方でいちばん長い川。濁音で「ごう」と読む。×えのかわ。

□浦上天主堂

〔うらかみてんしゅどう〕　長崎市にあるカトリックの教会堂。濁らずに「うらかみ」と読む。×うらがみ。

▼続いて、読み間違いやすい「有名寺院」の名前です。正しく読めますか？

□竜安寺

〔りょうあんじ〕　京都にある臨済宗の寺。白砂に石を置いただけの枯山水《かれさんすい》の庭で有名。「りゅうあんじ」ではない。

□輪王寺

〔りんのうじ〕　日光や上野にある天台宗の寺。

□園城寺

〔おんじょうじ〕　大津市にある天台宗の寺。別名「三井寺」で、こ

□**東求堂**
□**川崎大師**
□**立石寺**
□**智積院**
□**海住山寺**
□**元興寺**
□**大石寺**

れは「みいでら」と読む。
〔**とうぐどう**〕　京都の銀閣寺にある持仏堂。持仏堂は、仏像や位牌を安置するお堂のこと。
〔**かわさきだいし**〕　神奈川県川崎市。弘法大師、お大師様ゆかりの寺なので、「だいし」と濁って読む。
〔**りっしゃくじ**〕　山形市の名刹。芭蕉がここで「閑さや岩にしみ入る蝉の声」と詠んだ。
〔**ちしゃくいん**〕　京都市にある真言宗智山派の総本山。
〔**かいじゅうせんじ**〕　京都府木津川市にある真言宗智山派の寺。「かいじゅうさんじ」とは読まない。
〔**がんごうじ**〕　奈良県奈良市にある華厳宗の寺。「南都七大寺」に数えられる寺院の一つ。蘇我馬子が建立したと伝えられる。
〔**たいせきじ**〕　静岡県富士宮市にある日蓮正宗の総本山。「おおいしでら」や「たいしゃくじ」は×。

□伝通院

〔でんづういん〕　東京都文京区にある浄土宗の寺。徳川家康の生母お大が埋葬され、その法名から伝通院と呼ばれることになった。「でんつういん」ではない。

□日向薬師

〔ひなたやくし〕　神奈川県伊勢原市にある真言宗の寺。行基の開創と伝えられ、「日本三薬師」のひとつ。

□葛井寺

〔ふじいでら〕　大阪府藤井寺市にある真言宗の寺。「葛」を「ふじ」と読む珍しい例。この寺も、行基の開創と伝えられる。なお、市の名前は「藤井寺」と書く。「くずいでら」ではない。

▼続いて、読み間違いやすい「有名な神社」の名前です。正しく読めますか？

□出雲大社

〔いずもおおやしろ〕　島根県出雲市にある神社。「いずもたいしゃ」と呼ばれることが多いが、正式には「いずもおおやしろ」と読む。

□**石上神宮**

〔**いそのかみ・じんぐう**〕　奈良県天理市にある神社。山辺《やまのべ》の道の終点に位置する。古代、百済から贈られた国宝・七支刀が納められていることで有名。

□**沖宮**

〔**おきのぐう**〕　沖縄県那覇市にある神社。「おきのみや」とは読まない。

□**橿原神宮**

〔**かしはら・じんぐう**〕　奈良県橿原市にある神社。橿原宮も「かしはら・のみや」と読む。

□**京都霊山護国神社**

〔**きょうと・りょうぜんごこく・じんじゃ**〕　京都市の東山にある神社。「れいざん」ではなく霊山を「りょうぜん」と読む。坂本龍馬、中岡慎太郎、木戸孝允らの墓がある。

□**金刀比羅宮**

〔**ことひらぐう**〕　香川県琴平町にある神社。通称、こんぴらさん。「こんぴら」は仏法の守護神のひとつで、「金比羅」、あるいは「金毘羅」と書く。

□**談山神社**

〔**たんざん・じんじゃ**〕　奈良県桜井市にある神社。藤原鎌足を祀

□富岡八幡宮

□香椎宮

□日吉神社

□気多神社

□長田神社

る。藤原鎌足が中大兄皇子とこの山で密談を交わしたことから、「談《かた》らいの山」と呼ばれ、神社名はその故事に由来。「だんざん」ではない。

〔とみおか・はちまんぐう〕　東京都江東区にある八幡宮。鶴岡八幡宮（神奈川県鎌倉市）を「つるがおか」と読む影響からか、「とみがおか」と言い間違える人がけっこう多い。

〔かしいぐう〕　福岡市の香椎にある神社。「かしいみや」は×。

〔ひえ・じんじゃ〕　滋賀県大津市にある神社。「ひよし」ではない。なお、東京都千代田区永田町にある「日枝神社」も同様に「ひえじんじゃ」と読む。

〔けた・じんじゃ〕　石川県羽咋《はくい》市にある神社。能登国の一の宮。「きた」ではない。

〔ながた・じんじゃ〕　神戸市長田区にある神社。「おさだ」ではない。

□若王子神社

〔にゃくおうじ・じんじゃ〕　京都市左京区にある神社。「わかおうじ」ではない。

□鵜戸神宮

〔うど・じんぐう〕　宮崎県日南市にある神社。日向灘に面する洞窟の中にある。なお、熊本県の宇土市や宇土半島は「うと」と読むので注意。

▼読み間違いやすい「鉄道路線」の名前です。正しく読めますか？

□仙石線

〔せんせきせん〕　仙台―石巻間を走るＪＲ東日本の路線の名称。×せんごくせん。「仙石《せんごく》」という人名や地名はあるが、これは「せんせき」と読む。

□北上線

〔きたかみせん〕　岩手・秋田両県を走るＪＲ東日本の路線の名称。濁らずに「きたかみ」と読む。

□男鹿線

〔おがせん〕　秋田県男鹿半島を走るＪＲ東日本の路線名。

□**真岡線**

〔もおかせん〕 真岡鐵道の路線。同鉄道は、茨城県の下館駅と栃木県の茂木駅を結ぶ第三セクター。なお、真岡市は、栃木県南東部の市で、イチゴの産地として有名。×まおか。

□**おおさか東線**

〔おおさかひがしせん〕 大阪府の新大阪駅と八尾市の久宝寺駅を結ぶJR西日本の路線の名称。「おおさか」をひらがなで書く。

▼ちょっと悩ましい「大学の名前」です。正しく読めますか？

□**二松学舎**

〔にしょうがくしゃ〕 東京都の私立大学。「二松」（二本の松）は、唐代の文章に由来し、学問する場の象徴。正式には「学舎」ではなく、旧字の「學舍」を使う。

□**追手門学院大学**

〔おうてもん〕 大阪府の私立大学。部外者からは「おってもん」と「っ」を入れて呼ばれることが多いが、正式には「おうてもん」。

□**鹿屋体育大学**

〔かのやたいいく〕 鹿児島県鹿屋《かのや》市にある国立の体育大学。

□**関西学院大学**

□**帝塚山大学**

□**明星大学**

□**麗澤大学**

〔かんせいがくいん〕　関西六大学の一つ。ミッションスクールであり、「西」を「さい」と読むのが、仏教と縁の深い呉音であることを嫌って、「かんせい」と読むことにしたという説がある。

〔てづかやま〕　奈良市にある私立大学。なお、大阪府にある私立の帝塚山学院《てづかやまがくいん》大学とは別の大学なので注意。

〔めいせい〕　東京都の私立大学。「明星」は、一般には「みょうじょう」と読むが、この名は「めいせい」と読む。

〔れいたく〕　千葉県の私立大学。「麗澤」は、中国の『易経』を出典とする語で、もとは並んでいる沢が互いに潤し合うという意味。そこから、友らと切磋琢磨する姿がすばらしいという意味に使われる言葉。

意外と知らない「作品名」をめぐる勘違いとは？

▼日本の「民謡の名前」です。正しく言えますか？　書けますか？

×越中おはら節→○越中おわら節

富山市を本場とする盆踊り唄。9月に行われる「風の盆」の際に唄われる。曲中の囃子言葉の「おわら」に由来する名。その「おわら」は「大笑い」や地名に由来するという説があるが、はっきりしない。

×鹿児島おわら節→○鹿児島おはら節

鹿児島県の民謡。こちらは「おはら節」で、漢字では「鹿児島小原良節」とも書く。「花は霧島、煙草は国分～」の歌詞で有名。

×五木の子守歌↓○五木の子守唄

熊本県五木地方に伝わる子守唄。民謡の「子守うた」は「唄」と書く。

×南部馬追い唄↓○南部《なんぶ》牛追《うしお》い唄《うた》

岩手県の民謡。沢内地方産の米を牛の背に載せて運んだ際に唄われた曲と伝わる。馬をひきながら唄う「馬追い唄」（馬子唄）は多数あるが、これは「牛追い唄」。

▼日本の文学作品の名前です。正しく書けますか？

×ある阿呆の一生↓○或阿呆の一生

芥川龍之介の短編小説。「或る」でもないことに注意。芥川には「或」で始まる小説が他にもあって、『或恋愛小説』、『或社会主義者』など。

×ある女↓○或る女

有島武郎《たけお》の長編小説。これは「或る」と書く。なお、有島武郎の名を「たけろう」

と読まないように。

×あばばば↓○あばばばば

芥川龍之介の短編小説で、「保吉物《やすきち》」と呼ばれる実生活に取材した作品群のひとつ。「ば」の数は四つが正解。

×女系図↓○婦系図《おんなけいず》

泉鏡花の小説。芸者お蔦《つた》の悲恋を軸に描いた小説。「別れろ切れろは芸者の時にいう言葉。私には死ねとおっしゃってくださいな」の名セリフで有名。

×思い出↓○思ひ出

太宰治が自らの幼い頃からの体験、思い出をベースにしたといわれる作品。

×グッドバイ↓○グッド・バイ

未完に終わった太宰治の絶筆。小説の題名としては、「・」がはいる。

×パンドラの箱↓○パンドラの匣《はこ》

太宰治の長編小説。「健康道場」という「結核療養所」を舞台にした恋愛・青春小説。

×彼岸過ぎまで↓○彼岸過迄《まで》

夏目漱石の小説。『行人《こうじん》』へと続く後期3部作の第一作。「まで」は「迄」の訓読み。

×坊ちゃん↓○坊つちゃん

ご存じ、夏目漱石の〝学園青春小説〟。現代表記では『坊っちゃん』で、今はそう書かれることもあるが、もとは『坊つちゃん』。

×我輩は猫である↓○吾輩は猫である

夏目漱石の最初の長編小説。

×イタ・セクスアリス↓○ヰタ・セクスアリス

森鷗外の長編小説。題名はラテン語で「性欲的生活」という意味。出版当初、発禁処分を受けている。

×安倍一族↓○阿部一族

森鴎外の短編小説。肥後藩の重職についていた阿部一族が上意討ちで全滅した事件をもとにした創作。

×伊豆の踊り子↓○伊豆の踊子

川端康成の小説のタイトルは『伊豆の踊子』。パソコンなどで「おどりこ」と打って変換すると、「踊り子」と出るので、この題名を打つときは注意。

（宮沢賢治の）×雨にも負けず↓○雨ニモマケズ

宮沢賢治の詩のタイトルとしては、カタカナまじりで書くのが正しい。

▼外国の文学作品の名前です。正しく書けますか？

×ドンキホーテ→○ドン・キホーテ

セルバンテスの長編小説。ドン・キホーテが痩せ馬ロシナンテにまたがって、遍歴の旅に出る話。「ドン・キホーテ型」は、独りよがりの考えから、向こう見ずな行動に出る人間のタイプを意味する。

×ニンジン→○にんじん

フランスの作家ルナールの自伝的色彩が濃い長編小説。そばかすだらけの赤い顔をしているので「にんじん」と呼ばれている少年の物語。ひらがなで『にんじん』と書く。

×風とともに去りぬ→○風と共に去りぬ

アメリカの作家マーガレット・ミッチェルの小説。あるいは、それを原作とする長編映画。原題は『Gone with the Wind』。それを訳した邦題は、「共」を漢字で書く。

×収容所列島→○収容所群島

旧ソ連のノーベル賞作家・ソルジェニーツィンの小説。スターリン時代の収容所の記録的小説。とかく「収容所列島」と間違えられやすいタイトル。

8

「反対語」を一緒に覚えると、使える言葉は一気に増える

いつもの日本語は、「反対語」をセットに覚える

▼英単語を覚えるとき、「反対語」を一緒に覚えるのは、単語力を伸ばす常道。もちろん、日本語でも、その方法を使えます。この項にまとめたのは、国語の先生の「虎の巻」によく載っている反対語。「原因」や「奥行」の反対語を言えますか？

□平服　〔答〕礼服
□円形　〔答〕方形
□長子　〔答〕末子
□体言　〔答〕用言
□空前　〔答〕絶後

□慶事　〔答〕弔事
□現世　〔答〕来世
□鋭角　〔答〕鈍角
□韻文　〔答〕散文
□幹線　〔答〕支線

□原因
□栄転
□密教
□利器
□引力
□奥行
□白票
□返信
□子音
□仮性
□密林
□緯糸《ぬきいと》
□閑中

〔答〕結果
〔答〕左遷
〔答〕顕教
〔答〕鈍器
〔答〕斥力
〔答〕間口
〔答〕青票
〔答〕往信
〔答〕母音
〔答〕真性
〔答〕疎林
〔答〕経糸《たていと》
〔答〕忙中

□灌木
□点灯
□正論
□タカ派
□寄りつき
□現実主義
□理論物理学
□臨床医学
□来し方
□帰納法
□じり貧
□撫で肩
□都《みやこ》

〔答〕喬木
〔答〕消灯
〔答〕曲論
〔答〕ハト派
〔答〕大引け
〔答〕理想主義
〔答〕実験物理学
〔答〕基礎医学
〔答〕行く末
〔答〕演繹法
〔答〕どか貧
〔答〕怒り肩
〔答〕鄙《ひな》

▼続いて、二文字の熟語です。次の言葉の「反対語」は何でしょう？

□色悪《いろあく》　〔答〕実悪《じつあく》

「色悪」は、歌舞伎で色男の敵役。「実悪」は、歌舞伎で残忍な悪人の役。

□薄茶　〔答〕濃茶《こいちゃ》

「薄茶」は、抹茶の略式の立て方で、一人分ずつたてる。「濃茶」は、抹茶の正式の立て方で、一碗を数人で回し飲む。

□大手　〔答〕搦手《からめて》

「大手」は、城の正門。「搦手」は、城の裏門。

□王道　〔答〕覇道

「王道」は、仁徳をもとに国を治めること。「覇道」は、武力やはかりごとで国を治めること。

□**海外**
「海外」は、海を隔てた外国。「海内」は、国内のこと。
〔答〕**海内《かいだい》**

□**合従《がっしょう》**
「合従」は、中国の戦国時代、六国が縦に同盟して、秦に対抗した政策。「連衡」は、中国の戦国時代、六国が横につらなり、秦に従った政策。
〔答〕**連衡《れんこう》**

□**寒中**
「寒中」は、寒の内。「暑中」は、夏の土用の18日間。
〔答〕**暑中**

□**乗法**
「乗法」は、掛け算のこと。「除法」は、割り算のこと。
〔答〕**除法**

□**軍人**
「文民」は、軍人でない人。日本国憲法にある言葉。なお「文官」というと、官僚
〔答〕**文民**

のことになり、民間人は含まれない。

□**詩的**

「詩的」は、詩のような趣がある。「散文的」は、普通の文章のようで、詩のような趣はない。

〔答〕**散文的**

□**読経**《どきょう》

「読経」は、声を立ててお経を読む。「看経」は、黙ってお経を読む。

〔答〕**看経**《かんきん》

□**根城**

「根城」は、本拠地、本城。「出城」は、敵を防ぐため、都合のいい場所に出した城。

〔答〕**出城**

□**弓手**《ゆんで》

「弓手」は、左手のこと。「馬手」は、右手のこと。

〔答〕**馬手**《めて》

▼続いては、三文字、四文字の言葉の反対語です。〝雑学的な知識〟を必要とする中・上級編です。

□遠心力　〔答〕求心力

「遠心力」は、物体が円運動するとき、外の方に作用する力。「求心力」は、物体が円運動するとき、中心にひきつける力。

□皆既食　〔答〕部分食

「皆既食」は、太陽や月が完全に隠れてしまう日食・月食。「部分食」は、太陽や月が一部分だけ隠れてしまう日食・月食。

□貴金属　〔答〕卑金属

「貴金属」は、錆びにくく、薬にもおかされにくい金属。「卑金属」は、錆びやすい金属。

□凝固点

「凝固点」は、液体や気体が冷えて固体になる温度。「融解点」は、固体が液化しはじめる温度。

〔答〕**融解点**

□閻魔顔

「閻魔顔」は、怒り顔。「恵比寿顔」は、笑い顔。

〔答〕**恵比寿顔**

□巨視的

「巨視的」は、肉眼で直接見分けられるさま。「微視的」は、顕微鏡で見分けられるほど小さいさま。

〔答〕**微視的**

□偶蹄類

「偶蹄類」は、ひづめが偶数の哺乳類。「奇蹄類」は、ひづめが奇数の哺乳類。

〔答〕**奇蹄類**

□具象的

「具象的」は、形をそなえ、はっきりしているさま。「抽象的」は、現実から離れて

〔答〕**抽象的**

具体性のないさま。

□極彩色
「極彩色」は、派手で細かいいろどり。「薄彩色」は、墨絵の上に薄く施した色。
〔答〕**薄彩色**

□混交林
「混交林」は、複数の樹木からなる林。「単純林」は、一種の樹木からなる林。
〔答〕**単純林**

□時代物
「時代物」は、武家を扱った芝居、浄瑠璃など。「世話物」は、江戸時代の町人社会を舞台にした芝居、浄瑠璃など。
〔答〕**世話物**

□柔構造
「柔構造」は、地震の力を弱め、吸収する構造。「剛構造」は、建物の変形を防ぐ構造。
〔答〕**剛構造**

□**朱子学**
「朱子学」は、朱子によって大成された儒学。「陽明学」は、王陽明の唱えた儒学。
〔答〕**陽明学**

□**上首尾**
「上首尾」は、うまくいったこと。「不首尾」は、うまくいかなかったこと。「上」の反対語は「下」だが、これは「不」を使う。
〔答〕**不首尾**

□**精進物**
「精進物」は、肉類を用いない食べ物。「生臭物」は、魚、獣の肉料理。精進料理の反対語は、生臭料理。
〔答〕**生臭物《なまぐさもの》**

□**殿上人**
「殿上人」は、昇殿を許された人。「地下」は、昇殿を許されなかった人。
〔答〕**地下《じげ》**

□**定型詩**
「定型詩」は、字数などに関して決まりがある詩。「自由詩」は、字数などに決まり
〔答〕**自由詩**

がない詩。

□当事者　〔答〕**第三者**
「当事者」は、そのことに直接関係ある人。「第三者」は、当事者以外の者。

□難燃性　〔答〕**易燃性**
「難燃性」は、燃えにくい材質、性質。「易燃性」は、燃えやすい材質、性質。

□浮動票　〔答〕**固定票**
「浮動票」は、支持政党の一定しない票。「固定票」は、いつも同じ政党、候補者に入る票。

□武断派　〔答〕**文治派**
「武断派」は、武力によって治める政治一派。「文治派」は、法律や教育で国を治めようとする政治一派。

□**町絵師**

「町絵師」は、町にいる絵描き。「奥絵師」は、江戸時代、幕府に仕えた絵描き。具体的にいうと、狩野派のこと。

〔答〕**奥絵師**

□**乱反射**

「乱反射」は、光がさまざまな方向に反射する。「正反射」は、光が一定の方向に反射する。

〔答〕**正反射**

□**急進主義**

「急進主義」は、理想を急に実現しようとする。「漸進主義」は、じょじょに進んで理想を実現しようとする。

〔答〕**漸進《ぜんしん》主義**

□**実質賃金**

「実質賃金」は、実際の購買力に換算した賃金。「名目賃金」は、物価を考慮せずに額面で示した賃金。

〔答〕**名目賃金**

□先史時代
「先史時代」は、考古学の時代区分で、文献的史料が伝わっていない時代。「歴史時代」は、考古学の時代区分で、文献的史料が伝わっている時代。
〔答〕**歴史時代**

□目的税
「目的税」は、特定事業の財源に充てる税。「普通税」は、使途を特定しない税。
〔答〕**普通税**

□亭主関白
「亭主関白」は、一家内で亭主が力をもち、いばっていること。「かかあ天下」は、一家内で妻が力をもち、いばっていること。
〔答〕**かかあ天下**

□標本調査
「標本調査」は、集団の中から標本を抜き出して調査し、その結果から全体について統計的に推測すること。「全数調査」は、もれなく調べる調査。
〔答〕**全数調査**

古風な言葉なら、「反対語」をセットで覚える

▼古風な言葉や大和言葉にも、反対語があります。次の言葉の反対語は何でしょう？

□上《かみ》つ方《かた》
「上つ方」は、身分の高い人々。「下つ方」は、庶民。
〔答〕下《しも》つ方《かた》

□天《あま》つ神
「天つ神」は、高天原から来た神、「国つ神」は、日本古来の神。
〔答〕国《くに》つ神

□挙げ句
「挙げ句」は、連歌・連句で最後の七・七の句。「発句」は、最初の句。
〔答〕発《ほっ》句《く》

□一木造《いちぼく》り
「一木造り」は、一本の木で彫った像、「寄木造り」は、多くの木を寄せ集めて彫った像。

〔答〕寄木造《よせぎ》り

□右近の橘
「右近の橘」は、紫宸殿《ししんでん》のそばに植えられた橘。「左近の桜」は、その反対側に植えられた桜。

〔答〕左近の桜

□生みの親
「生みの親」は、実の父母。「育ての親」は、養い親。

〔答〕育ての親

□送り火
「送り火」は、お盆に魂を送るためにたく火。「迎え火」は、お盆に魂を迎えるためにたく火。

〔答〕迎え火

□**陸釣《おかづ》り**
「陸釣り」は、岸で魚を釣ること。「沖釣り」は、船で洋上に出て釣ること。
〔答〕**沖釣り**

□**送り盆**
「送り盆」は、お盆の終わりの日。「迎え盆」は、お盆の最初の日。
〔答〕**迎え盆**

□**落ち鮎**
「落ち鮎」は、秋、産卵のため、川を下る鮎。「上り鮎」は、春、川をさかのぼる若鮎。
〔答〕**上り鮎**

□**小正月《こしょうがつ》**
「小正月」は、正月の14～16日まで。「大正月」は、元日から7日まで。松の内のこと。
〔答〕**大正月《おおしょうがつ》**

□**細《さざ》れ石**
「細れ石」は、小さな石。「巌」は、大きな岩。
〔答〕**巌《いわお》**

□シテ

「シテ」は、能楽の主役。「ワキ」は、相手役。

〔答〕**ワキ**

□真打ち

「真打ち」は、寄席で終わりのほうに出るすぐれた芸人。「前座」は、寄席で、真打ちの前に出てくる芸人。

〔答〕**前座**

□出涸《でが》らし

「出涸らし」は、何度も煎じ出して、味や香りの落ちた茶。「出端」は、入れたての茶、香りのよい茶。

〔答〕**出端《ではな》**

□抜け小路

「抜け小路」は、通り抜けのできる小路。「袋小路」は、通り抜けのできない小路のこと。

〔答〕**袋小路**

□益荒男《ますらお》

「益荒男」は、つよい男。「手弱女」は、弱い女ではなく、やさしい女という意。

〔答〕手弱女《たおやめ》

□寄せ太鼓

客を呼ぶための太鼓。「打ち出し太鼓」は、一日の興行の終わりを告げる太鼓。

〔答〕打ち出し太鼓

カタカナ語こそ、「反対語」をセットで覚える

▼むろん、「カタカナ語」にも反対語があります。次の言葉の反対語は何でしょう？　カタカナ語で答えてください。

□アウトプット

「アウトプット」は、出力。「インプット」は、入力。

〔答〕インプット

□アガペー

「アガペー」は、神の愛、あるいは自己犠牲的な愛。「エロス」は、官能的な愛。

〔答〕エロス

□アブストラクト

「アブストラクト」は、抽象。「コンクリート」は、具象。

〔答〕コンクリート

□アルファ

「アルファ」は、最初。「オメガ」は、最後。ともにギリシャ語に由来。

〔答〕オメガ

□アポロ的

「アポロ的」は、理知的なさま。「ディオニソス的」は、激情的なさま。

〔答〕ディオニソス的

□AC

「AC」は、交流。「DC」は、直流。

〔答〕DC

□S波

「S波」は、地震波の横波。「P波」は、地震波の縦波。

〔答〕P波

□イミグレーション

「イミグレーション」は、外国からの移住・移民。「エミグレーション」は、外国への移住・移民。

〔答〕エミグレーション

□インテリア

「インテリア」は、室内装飾。「エクステリア」は、室外装飾。

〔答〕エクステリア

□エキスパート

「エキスパート」は、熟練者。「ビギナー」は、初心者。

〔答〕ビギナー

□エチュード

「エチュード」は習作。「タブロー」は完成品。

〔答〕タブロー

□エディプス・コンプレックス　**〔答〕エレクトラ・コンプレックス**

「エディプス・コンプレックス」は、男児が父親に対していだく憎しみ。「エレクトラ・コンプレックス」は、女児が母親に対していだく憎しみ。

□エピローグ　**〔答〕プロローグ**

「エピローグ」は、小説、劇などの終わり。「プロローグ」は、小説、劇などの始まり。

□オフレコ　**〔答〕オンレコ**

「オフレコ」は、記録・報道しないこと。「オンレコ」は、記録・報道してよいこと。

□オリエント　**〔答〕オクシデント**

「オリエント」は、東洋。「オクシデント」は、西洋。

□オプチミスト　**〔答〕ペシミスト**

「オプチミスト」は、楽観主義者。「ペシミスト」は、悲観主義者。

□**クロスゲーム**　〔答〕**ワンサイドゲーム**
「クロスゲーム」は、接戦。「ワンサイドゲーム」は、一方的な試合。

□**コンサバティブ**　〔答〕**プログレッシブ**
「コンサバティブ」は、保守的。「プログレッシブ」は、進歩的。

□**シンメトリー**　〔答〕**アシンメトリー**
「シンメトリー」は、対称。「アシンメトリー」は、非対称。

□**スペシャリスト**　〔答〕**ゼネラリスト**
「スペシャリスト」は、特定分野の専門家。「ゼネラリスト」は、多方面にわたる有識者。

□**ドンキホーテ型**　〔答〕**ハムレット型**
「ドンキホーテ型」は、思い込みが激しく、向こう見ずな行動をとる人。「ハムレット型」は、物事を深く考えすぎて、実行力のない人。

□**ホームストレッチ**　〔答〕**バックストレッチ**

「ホームストレッチ」は、最後の周回のこちら側の走路。「バックストレッチ」は、最後の周回の向こう側の走路。

□**マジョリティ**　〔答〕**マイノリティ**

「マジョリティ」は、多数派。「マイノリティ」は、少数派。

□**マチネー**　〔答〕**ソワレ**

「マチネー」は、昼間興行。「ソワレ」は、夜間興行。

□**モノローグ**　〔答〕**ダイアローグ**

「モノローグ」は、「独白」と訳され、ひとりでいうセリフ。「ダイアローグ」は、対話、問答。

□レプリカ

「レプリカ」は、複製。「オリジナル」は、現物。

〔答〕オリジナル

□ローリング

「ローリング」は、船の横揺れ。「ピッチング」は、縦揺れ。

〔答〕ピッチング

9

教養が問われる！
二通りの読み方がある言葉

ふだん使うからこそ、ていねいに覚えたい言葉1

▼日本語には〝二通りに読む言葉〟が数多くあり、それらをどう読みこなすかは、言葉の教養が問われるところ。まずは二通り以上の読み方がある基本の「熟語」から。文脈に合わせて、読み分けられますか？

□**上手**　〔**うわて**〕　人よりすぐれていること。相撲で相手の差し手の上から、まわしをとること。「一枚上手」、「上手投げ」。
〔**かみて**〕　舞台の向かって右側。「舞台の上手」。
〔**じょうず**〕　うまいさま。「口上手」。

□**大事**　〔**だいじ**〕　大切にすること。「大事にする」。
〔**おおごと**〕　重大な事件。「大事になる」。

□自ら
〔みずから〕　自分自身で。「自ら退く」。
〔おのずから〕　ひとりでに。「自らわかること」。

□下手
〔したて〕　人にへりくだって接すること。「下手に出る」。
〔しもて〕　舞台の向かって左側。「舞台の下手」。
〔へた〕　うまくないこと。「下手の横好き」。

□人気
〔にんき〕　世間での好評判。「人気タレント」。
〔ひとけ〕　人の気配。「人気のない通り」。読み間違いを避けるため、「人け」と書くことが多い。

□心中
〔しんじゅう〕　情死。家族などがともに死ぬこと。「心中事件」。
〔しんちゅう〕　心の中。気持ち。「心中お察しいたします」。

□大人
〔たいじん〕　徳の高い立派な人。「大人の風格がある」。
〔おとな〕　成人。「大人っぽい」。

□追従
〔ついじゅう〕　人の言動に付き従うこと。「追従する」。
〔ついしょう〕　へつらい、おべっかを使うこと。「追従笑い」。

□出来
〔でき〕　できばえ。「出来が悪い」。
〔しゅったい〕　発生すること。出来上がること。「増刷出来」。

□大勢
〔おおぜい〕　数多くの人々。「大勢の人」。
〔たいせい〕　全体の形勢。「大勢が決する」。

□目下
〔めした〕　地位や役職が自分よりも下位の人。「目下の者を従える」。
〔もっか〕　目の前、今このとき。「目下、急を要する案件」。

□利益
〔りえき〕　儲け。「利益が出る」。
〔りやく〕　神や仏の力によって与えられる恩恵。「ご利益がある」。

□物心
〔ものごころ〕　世の中のありようを理解する心。「物心がつく」。
〔ぶっしん〕　物質と精神。「物心両面」。

□見物
〔けんぶつ〕　名所や催し物を見ること。「東京見物」、「高みの見物」。
〔みもの〕　見るに値するもの。「それは見物だ」。

□分別
〔ふんべつ〕　常識的に判断する知恵、力。「分別盛り」。
〔ぶんべつ〕　種類によって分類、区別すること。「分別ゴミ」。

□**変化**　〔**へんか**〕　状態、性質などが変わること。「化学変化」。
　　　　〔**へんげ**〕　姿を変えて現れること。「七変化」。

□**末期**　〔**まっき**〕　終わりの時期。「江戸末期」。
　　　　〔**まつご**〕　死に際。「末期の水」。

▼次は二通りに読む「一字の漢字」です。文脈に合わせて、読み分けられますか？

□**件**　〔**けん**〕　事柄、案件。「この前の件」。
　　　〔**くだん**〕　前述したことや互いに知っていることを指し示す。「件の」。

□**術**　〔**じゅつ**〕　技、策略。「術をつかう」、「術を弄する」。
　　　〔**すべ**〕　手段。方法。「為す術がない」。

□**殿**　〔**との**〕　大名、主君らに対する尊称。「殿様」。
　　　〔**しんがり**〕　退却する軍の最後尾。「殿を務める」。順番の最後。「殿に控える」。

□役

〔やく〕　割り当てられた務め。「役不足」。

〔えき〕　戦争。人民に課す労役。「後三年の役」。

□兆

〔きざし〕　物事が起こりそうな気配。「明るい兆」、「好転の兆」。

〔ちょう〕　1億の1万倍。「1兆円規模」。

□敵

〔てき〕　戦いや試合の相手。「敵味方に分かれる」、「敵は本能寺にあり」。

〔かたき〕　恨みがある相手。滅ぼすべき相手。「仇」とも書く。

□角

〔かど〕　物の端の突き出た部分。「机の角」。

〔つの〕　動物の頭にある突起物。「鹿の角」。

□額

〔ひたい〕　顔の上部、目の上。「額を集める」。

〔がく〕　額縁。金銭の数。「絵の額」、「高額」。

□僕

〔ぼく〕　男子の自称。「君と僕」、「僕ちゃん」。

〔しもべ〕　召使。「彼女の僕」、「恋の僕」。

□罰

〔ばつ〕　悪いことをした者に対するペナルティ。「罰を受ける」。

〔ばち〕　悪いことをした者に神仏が下す懲らしめ。「罰当たり」。

□**項**
〔うなじ〕　首の後ろの部分。「色っぽい項」、「項垂《うなだ》れる」。
〔こう〕　事柄を小分けにしたひとつ。「二通りに読む言葉の項」。

□**床**
〔とこ〕　寝るための場所。「床に就《つ》く」。
〔ゆか〕　建物の下の平面。「床運動」、「床掃除」。

□**朱**
〔あけ〕　赤い色に染まる。「朱に染まる」は血まみれになること。
〔しゅ〕　黄ばんだ赤色。「朱を入れる」は、朱筆で、訂正、添削すること。

□**頭**
〔あたま〕　首からの上の部分。「頭が上がらない」。
〔こうべ〕　「頭を垂れる」、「正直の頭に神宿る」は「こうべ」と読む。

□**便**
〔べん〕　都合がよいこと。「交通の便がよい」。
〔びん〕　交通・運輸機関。「最終便」。

□**瓶**
〔びん〕　ガラス製などの口の狭い容器。「ビール瓶」、「瓶詰め」。
〔かめ〕　陶製の大ぶりな容器。「水瓶」、「瓶割り柴田」（織田信長に仕えた戦国武将・柴田勝家のこと）。

□脂　〔あぶら〕　動物の脂肪からとれるあぶら。「脂汗を流す」、「脂身」。
〔やに〕　タバコなどから生じる茶色の粘液。樹木の分泌する物質。「タバコの脂」。

□溝　〔みぞ〕　細長いくぼみ、水路。「両者の間に溝ができる」。
〔どぶ〕　下水、雨水を流す水路。「溝浚い」、「お歯黒溝」。

ふだん使うからこそ、ていねいに覚えたい言葉2

▼二通りの読み方がある「一」のつく漢字。読み分けられますか?

□一途　〔いちず〕　一つのことに向かっていく気持ち。「一途な思い」、「仕事一途」。
〔いっと〕　一つの方向。「衰退の一途をたどる」。

□一番
〔いちばん〕　順番の最初。「一番手」、「一番乗り」。
〔ひとつがい〕　動物のオスとメスの一組。「一番の鳥」。

□一分
〔いちぶん〕　面目。「武士の一分」。
〔いちぶ〕　少しの。「一分の隙もない」。他に「いちもん」、「いっぷん」とも読む。

□一角
〔いっかく〕　一部分。ひとつの隅。「住宅街の一角」、「氷山の一角」。
〔ひとかど〕　ひときわすぐれているさま。「一角の人物」。

□一期
〔いっき〕　時期を分ける際のひとつ。「一期生」、「議員を一期務める」。
〔いちご〕　生まれてから死ぬまでの時間。「一期一会」。

□一見
〔いっけん〕　すこし見るさま。ひととおり見るさま。「一見したところ〜」。
〔いちげん〕　初めて会うこと。「一見の客」。

□一寸
〔いっすん〕　一尺の10分の1で、約3センチ。「一寸先は闇」。
〔ちょっと〕　程度、量がごくわずかであること。「一寸待って」。

□一端
〔いったん〕　一部分。一方の端。「一端をのぞかせる」。

〔いっぱし〕　一人前。人並み。「一端の口をきく」。

▼「自然」にまつわる熟語の読み分けです。

□菖蒲
〔あやめ〕　アヤメ科の多年草。「いずれが菖蒲か杜若《かきつばた》」。
〔しょうぶ〕　サトイモ科の多年草。「菖蒲湯」。

□銀杏
〔いちょう〕　イチョウ科の樹木の名。「銀杏の木」、「大銀杏」。
〔ぎんなん〕　イチョウの実。「銀杏を焼いて食べる」。

□芥子
〔からし〕　香辛料のカラシ。「芥子醤油」。「辛子」とも書く。
〔けし〕　阿片がとれるケシ科の植物。「芥子の花」。「罌粟」とも書く。

□氷柱
〔つらら〕　水のしずくが凍り、棒状に垂れ下がったもの。「氷柱が垂れ下がる」。
〔ひょうちゅう〕　氷の柱。冷房のために立てることが多い。「氷柱を立てる」。

□寒気
〔かんき〕　冷たい大気。「寒気が押し寄せる」、「寒気団」。
〔さむけ〕　病気や恐怖によって感じる身体的な寒さ。「寒気がする」。

□**風穴**　〔**かざあな**〕　風の入ってくる穴。「風穴をあける」。
〔**ふうけつ**〕　山腹などにあいた穴、洞窟。「富士の風穴」。

▼読み方が変わると、指すものが変わります。

□**生地**　〔**せいち**〕　生まれた土地。「生地に戻る」。
〔**きじ**〕　加工前の布。「ドレスの生地」。

□**最中**　〔**さいちゅう**〕　物事の盛りのとき。「式の最中」。
〔**もなか**〕　中に餡を詰めた菓子。「手土産に最中を持参する」。

□**戸口**　〔**とぐち**〕　家の出入口。「家の戸口」。
〔**ここう**〕　世帯と人口。「戸口調査」。

□**黒子**　〔**くろご**〕　芝居で役者の後見をする人。人形浄瑠璃で人形の使い手。
〔**ほくろ**〕　皮膚の上にある黒っぽい色素斑。「黒子を数える」。

□**大家**　〔**たいか**〕　その道ですぐれた人。「日本画の大家」。
〔**たいけ**〕　社会的地位の高い裕福な家。「大家の出身」。

〔おおや〕 貸家の持ち主、管理人。「大屋に家賃を払う」。

□**飛鳥** 〔あすか〕奈良県の地名。古代の日本の〝首都〟。「飛鳥地方」、「飛鳥時代」。
〔ひちょう〕 空を飛ぶ鳥。「飛鳥、山に遊ぶ」。

□**赤子** 〔あかご〕生まれてまもない赤ん坊。「赤子が泣いている」。
〔せきし〕人民。「天皇の赤子」。

□**孫子** 〔そんし〕古代中国の兵法家。「孫子の兵法」。
〔まごこ〕孫と子。「孫子の代まで」。

□**市場** 〔しじょう〕 経済学では、需要と供給を一致させる場。「為替市場」。
〔いちば〕商品を売買する場所・施設。「駅前の市場」、「魚市場」。

□**家人** 〔かじん〕家族の者。「家人から事情を聞く」。
〔けにん〕家来。「家人を従えた殿様」。

□**色紙** 〔しきし〕サインを書くときなどに使う厚手の紙。「色紙にサインする」。
〔いろがみ〕 折り紙に使う色のついた紙。「色紙を折る」。

□**万歳**　〔**ばんざい**〕祝福する際、唱える言葉。「万歳三唱」。
〔**まんざい**〕舞いや掛け合いを演じる芸。漫才のルーツ。「三河万歳」。

□**強力**　〔**きょうりょく**〕　強い力。作用が強いさま。「強力な応援」、「強力洗剤」。
〔**ごうりき**〕山の上に荷物を運ぶ者。「強力が荷物を運び上げる」。

スラスラ読み分けられれば、一目置かれる言葉

▼歴史と宗教にまつわる言葉の読み分けです。

□**礼拝**　〔**れいはい**〕キリスト教で神を拝むこと。「教会の礼拝堂」。
〔**らいはい**〕仏教で仏を拝むこと。「釈迦三尊像に礼拝する」。

□**聖人**　〔**せいじん**〕たいへんな知恵や徳がある人。「聖人君子」。
〔**しょうにん**〕　仏教で悟りを得た人。高僧。「親鸞聖人」。

□経典〔きょうてん〕おもに仏教の教えを記した書物。「仏教の経典」。
〔けいてん〕孔子など、聖人・賢人が著した書物。「儒教の経典」。

□開眼〔かいがん〕目が見えるようにすること。「開眼手術」。
〔かいげん〕仏像、仏画に目を入れること。芸事などで新境地を開くこと。

□知行〔ちぎょう〕封建時代、家臣に支給された土地、俸禄。「知行を得る」。
〔ちこう〕知識と行動。「知行合一」。

□下野〔げや〕政権から離れて野党になること。「下野する」。
〔しもつけ〕今の栃木県にあたる旧国名。「下野新聞」。

□日向〔ひなた〕日光の当たる側。「日向水」。
〔ひゅうが〕宮崎県の旧国名。「日向国」。

□評定〔ひょうじょう〕人々が集まり、評議し、決めること。「小田原評定」。
〔ひょうてい〕評価を決めること。「勤務評定」。

□受領〔じゅりょう〕金品を受け取ること。「たしかに受領いたしました」。

〔ずりょう〕　平安時代、諸国に赴任した長官。「荘園時代の受領階級」。

▼心と内面にまつわる言葉です。

□気骨　〔きこつ〕　信念を貫く強い心。「気骨がある人」。
〔きぼね〕　気苦労。「気骨が折れる」。

□入魂　〔にゅうこん〕　全神経を注ぎ込むこと。「一球入魂」。
〔じっこん〕　親しく付き合うこと。「入魂の間柄」。「昵懇」とも書く。

□苦汁　〔くじゅう〕　苦い汁。そこから、苦い経験。「苦汁を嘗《な》める」。
〔にがり〕　食塩を結晶させたあとに残る物質。「苦汁ができる」。

□呪い　〔のろい〕　相手に災厄がふりかかるように祈ること。「呪いをかける」。
〔まじない〕　神秘的な術。「呪い師」。ひらがなで書くことが多い。

□悪心　〔あくしん〕　悪いことをしようとする心、考え。「悪心にとりつかれる」。
〔おしん〕　吐き気を催すこと。「悪心に苦しむ」。

□内面〔うちづら〕　家族など内輪の人への態度。「内面が悪い」。
〔ないめん〕　内部に向く面。心の内。「内面描写」。

▼体の一部が出てくる言葉です。

□大手〔おおて〕　経営規模が大きいこと。「大手企業」。「大手門」は城の正面の門。
〔おおで〕　肩から手の先まで。「大手を振って歩く」。

□後手〔うしろで〕　両手を背後に回すこと。「後手に縛り上げる」。
〔ごて〕　相手に先手をとられて受け身になるさま。「後手に回る」。

□足取〔あしどり〕　移動した経路、道筋。「足取がつかめない」。
〔あしとり〕　相撲の手のひとつ。「大型力士を足取で破る」。

□片言〔かたこと〕　外国人などのたどたどしい言葉遣い。「片言の日本語」。
〔へんげん〕　わずかな言葉。「片言隻句」。

□声明〔せいめい〕　自分の意見や立場を表明する。「政府声明」、「声明文」。
〔しょうみょう〕　仏教で経文に節をつけて読む声楽。「僧が声明を唱える」。

□**身上**　**〔しんじょう〕**　その人にかかわる事柄、値打ち。「一身上の都合」。
〔しんしょう〕　財産。「身上を築く」。

□**先手**　**〔せんて〕**　相手よりも先に行動すること。「先手を取る」。
〔さきて〕　先陣。戦いの先頭に立つ者。「先手を務める」。

□**背筋**　**〔せすじ〕**　背中の中心線。「背筋を伸ばす」。
〔はいきん〕　背中の筋肉。「背筋を鍛える」。

□**爪弾き**　**〔つまびき〕**　弦楽器の弦を指で弾くこと。「ギターを爪弾く」。
〔つまはじき〕　のけ者にすること。「爪弾きにされる」。

□**細目**　**〔さいもく〕**　細かい項目。「規則の細目を決める」。
〔ほそめ〕　少しだけ。「扉を細目に開ける」。

□**頭数**　**〔とうすう〕**　動物の数。「奈良公園の鹿の頭数」。
〔あたまかず〕　人の数。「出席者の頭数が足りない」。

▼どちらもよく使う日本語です。

□**造作**　〔**ぞうさ**〕　手数、骨折り。「造作もない」。
〔**ぞうさく**〕　建物を建てること。作り。「家の造作」、「顔の造作」。

□**数奇**　〔**すうき**〕　不運、不遇、不幸。「数奇な運命をたどる」。
〔**すき**〕　風流の道を好むこと。「数奇を凝らす」。こちらの意味では「数寄」と書くことが多い。

□**高潮**　〔**たかしお**〕　海面が異常に上昇する現象。「台風の影響で高潮の被害が出る」。
〔**こうちょう**〕　調子や程度が高まるさま。「最高潮」。

□**如何様**　〔**いかさま**〕　いんちき、まやかし。「如何様賭博」。
〔**いかよう**〕　どのようにも。「如何様にも」。

□**仮名**　〔**かな**〕　平仮名、片仮名の総称。「仮名遣い」。

〔かめい〕　本名を隠し、仮につける名。「仮名をつかう」。

□**後生**　〔こうせい〕　あとから生まれてくる人。「後生おそるべし」。
〔ごしょう〕　もとは、前生、今生《こんじょう》に対して、死後の世界。「後生だから」は、人に頼みごとをするときに使う言葉。

□**再建**　〔さいけん〕　建築物を建て直すこと。「本社を再建する」。
〔さいこん〕　寺社を建て直すこと。「本堂を再建する」。

□**直筆**　〔じきひつ〕　自分自身で書くこと。「直筆で書く」。
〔ちょくひつ〕　物事をありのままに記すこと。「事実を直筆する」。

□**自重**　〔じちょう〕　自分を大事にして、行動を慎むこと。「自重する」。
〔じじゅう〕　それ自体の重さ。「自重に耐えかねる」。

□**出立**　〔しゅったつ〕　出発すること。
〔いでたち〕　外出する際の身なり。「出で立ち」と書くことが多い。

□**入会**　〔にゅうかい〕　会に入ること。「入会金」。
〔いりあい〕　山林、原野などを共同で利用すること。「入会地」。

□**博士**〔**はくし**〕　学位のひとつ。「博士課程」、「医学博士」。
〔**はかせ**〕　学問に通じた人。古代には、学芸に通じ、教授した役職。

□**半月**〔**はんげつ**〕　半円の形の月。「半月がのぼる」、「半月板」。
〔**はんつき**〕　1か月の半分。「半月ほど」、「半月間」。

□**名代**〔**みょうだい**〕　代理。「社長の名代を務める」。
〔**なだい**〕　有名。「名代の品」。

□**明朝**〔**みょうちょう**〕　明日の朝。「明朝7時に～」。
〔**みんちょう**〕　活字の書体。「明朝体」。

▼ちょっとやそっとじゃわからない読み分けです。

□**大業**〔**おおわざ**〕　柔道や相撲で、体の動きが大きなわざ。「大業をかける」。「大技」とも書く。
〔**たいぎょう**〕　大きな事業。「大業を成し遂げる」。

□**現場**
〔げんば〕　現に、作業をしている場所。「工事現場」、「現場復帰」。
〔げんじょう〕　過去、現在に、物事が行われた場所。「現場不在証明」（アリバイのこと）。

□**読本**
〔とくほん〕　教科書、入門書。「副読本」。
〔よみほん〕　江戸時代の小説の一種。「滝沢馬琴の読本」。

□**小柄**
〔こがら〕　体が小さい人。「小柄な人」。
〔こづか〕　小刀。「小柄の名人」。

□**旅人**
〔たびびと〕　旅行中の人。「旅人算」。
〔たびにん〕　各地を渡り歩く博徒やテキ屋など。「旅人が草鞋を脱ぐ」。

□**地方**
〔ちほう〕　首都以外の土地。「地方出身者」。
〔じかた〕　歌舞伎や舞踊で演奏を受け持つ人々。「舞台で地方を務める」。

□**中日**
〔ちゅうにち〕　彼岸の7日間のうちの真ん中の日。「彼岸の中日」。
〔なかび〕　相撲や芝居の興行で、期間中の真ん中の日。「中日を迎える」。

■参考文献

「広辞苑」（岩波書店）／「日本国語大辞典」／「日本語源大辞典」／「大辞泉」（以上、小学館）／「大辞林」／「三省堂国語辞典」／「新明解国語辞典」（以上、三省堂）／「明鏡国語辞典」（大修館書店）／「成語林」（旺文社）／「日本史用語集」全国歴史教育研究協議会編（山川出版社）／「ことばのハンドブック」（ＮＨＫ）／「毎日新聞用語集」（毎日新聞社）／「記者ハンドブック」（共同通信社）／「最新用字用語ブック」（時事通信社）／「日本語の正しい表記と用語の辞典」（講談社）／朝日新聞／読売新聞／毎日新聞／ほか

編者紹介

話題の達人倶楽部
カジュアルな話題から高尚なジャンルまで、あらゆる分野の情報を網羅し、常に話題の中心を追いかける柔軟思考型プロ集団。彼らの提供する話題のクオリティの高さは、業界内外で注目のマトである。本書では、教養ある大人が頭の中にストックして、いつでも出せるようにしている言葉をまるごと紹介。言葉を味方にして、毎日を快適に生きる本！

いつも使《つか》わないけど、これが「教養《きょうよう》」！
ここ一番《いちばん》の国語辞典《こくごじてん》

2021年2月1日　第1刷

編　　者　話題《わだい》の達人倶楽部《たつじんくらぶ》

発 行 者　小 澤 源 太 郎

責任編集　株式会社プライム涌光
電話　編集部　03(3203)2850

発 行 所　株式会社青春出版社
東京都新宿区若松町12番1号〒162-0056
振替番号　00190-7-98602
電話　営業部　03(3207)1916

印刷・大日本印刷　　製本・ナショナル製本

万一、落丁、乱丁がありました節は、お取りかえします

ISBN978-4-413-11346-5 C0030

90万部突破! 信頼のベストセラー!!

できる大人の モノの言い方 大全《たいぜん》

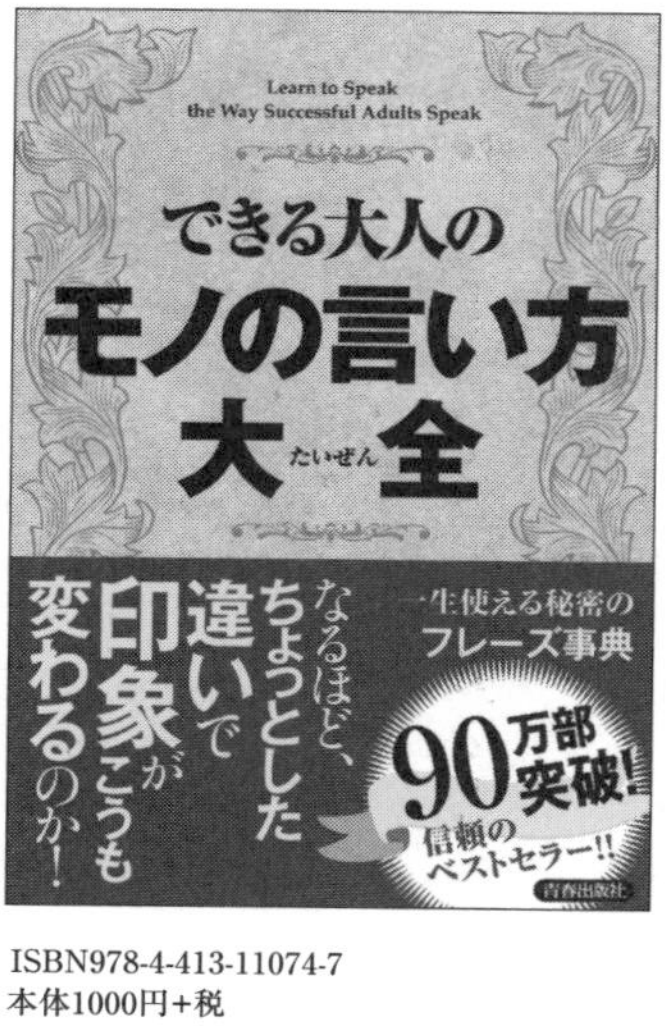

話題の達人倶楽部[編]

ほめる、もてなす、
断る、謝る、反論する…
覚えておけば一生使える
秘密のフレーズ事典

**なるほど、
ちょっとした違いで
印象がこうも
変わるのか!**

ISBN978-4-413-11074-7
本体1000円+税